古钟博物馆营造旧闻

大钟寺古钟博物馆 编著

北京燕山出版社

图书在版编目（CIP）数据

古钟博物馆营造旧闻 / 大钟寺古钟博物馆编著. -- 北京：北京燕山出版社，2018.9
ISBN 978-7-5402-4964-9

Ⅰ.①古… Ⅱ.①大… Ⅲ.①钟—博物馆—介绍—北京—古代 Ⅳ.①K875.2-282.1

中国版本图书馆CIP数据核字（2018）第117457号

古钟博物馆营造旧闻

作　　者：大钟寺古钟博物馆
责任编辑：徐冠军　刘朝霞
封面设计：王　鹏
出版发行：北京燕山出版社有限公司
社　　址：北京市丰台区东铁匠营苇子坑138号C楼
邮　　编：100079
电话传真：86-10-65240430（总编室）
印　　刷：北京世纪恒宇印刷有限公司
开　　本：710mm×1000mm　1/16
字　　数：120千字
印　　张：11
版　　次：2018年12月北京第1版
印　　次：2018年12月北京第1次印刷
ISBN 978-7-5402-4964-9
定　　价：68.00元

版权所有　　侵权必究

古钟博物馆营造旧闻

编委会

卢迎红　卢嘉兵　刘克全　焦晋林　郭　聪　杨　巍

主　编

卢迎红　卢嘉兵

统　稿

郭　聪　焦晋林　罗　飞　浮克清　于　弢

序

对于熟悉北京历史的人来说,"大钟寺"的名字可能多少有所耳闻,不过,要是说到"觉生寺",恐怕就会有点陌生了。实际上,"觉生寺"也就是"大钟寺",因为寺里保存有一口堪称"钟王"的"永乐大钟",遂被人们"寺以钟名",也就习惯称其为"大钟寺"了。

20世纪80年代,伴随着大钟寺古钟博物馆向公众开放,有关觉生寺历史和文物资料的收集、整理、研究机构也应运而生。在30多年的岁月里,经过博物馆业务人员接力式的传承和挖掘,收集了大量文字、图片、实物等资料,并发表了不少关于觉生寺的研究成果。其中,于孜研究馆员的专著——《大钟寺》一书从历史沿革、建筑格局、镇馆之宝、宗派住持、历史名人、散件遗物、古钟传说、附录等8个方面,对觉生寺进行了详细介绍。在此基础上,为了更好地满足博物馆观众对觉生寺通俗读物的文化需求,以于孜老师专著为蓝本,结合近年来不断丰富的新资料,以及对原有馆藏资料温故知新的认识和理解，组织辑录了这本名为《古钟博物馆营造旧闻》的通俗读物，主要从历史沿革、祈雨功能、建筑特征、名人轶事等方面对"觉生寺"进行了文物科普式介绍。

首先，觉生寺从清代雍正年间开始营建，到乾隆年间完成其皇家坛庙的规模和功能定型，再到清代后期和民国时期的民俗化和大众化，及至现今依此而建的博物馆，较为系统地阐述了觉生寺从皇家寺院到民间庙会场所，从封闭破败的高墙院落开放为整葺一新的公共文化设施的动态历程。

其次，在功能定位上，除了建造大钟楼以安放永乐大钟之外，觉生寺也突破了佛教寺庙的范畴，成为清代皇家重要的祈雨场所，发挥着世俗生产生活的重要作用，而这也是中国历史上农耕文化特色的生动写照。

再次，觉生寺作为皇家建造的汉传佛教寺庙，从群体建筑的平面布局来看，很好地遵循了唐宋以来"七堂伽蓝"制的基本格局；从单体建筑的大木结构来看，则基本体现了清初至清中期过渡的时代特征。

最后，在觉生寺300年来的历史变迁中，其功能和特点无疑是通过与之有关的人的活动展现出来的。无论是皇室贵胄还是文人墨客，无论是释子信徒还是士农工商，都能在历史的车辙中找到其特有的对应踪迹，进而在时空的宣纸上展现出一幅层次丰富、性情多彩的觉生丹青。

需要说明的是，本书只是从浅层视角勾勒了觉生寺"是什么"，而对于更深层面的"为什么"的问题，我们的努力还远远不够，还有待在今后的工作中，继续依托前辈们的研究成果，脚踏实地地逐渐深入和大胆探索。

大钟寺古钟博物馆
2018年11月

目录

1	序
001	觉生寺
007	**沿革篇**
023	**建筑篇**
026	山门殿
030	天王殿
036	钟鼓楼
040	大雄宝殿
045	法堂
050	藏经楼
058	大钟殿
071	**历史人物与事件篇**
073	朱棣与大钟
077	姚广孝与大钟
080	雍正皇帝与觉生寺

083	乾隆皇帝与觉生寺
086	六世班禅与觉生寺
089	觉生寺庙会
092	觉生寺办学
094	觉生劫案

097	**旧藏篇**
099	清雍正青花缠枝莲花纹折腰碗
100	功德匾
101	"华严觉海"匾
102	"般若真诠"匾
103	铜钵
104	六鏊锅
105	民国壁画
106	界桩
109	永乐大钟
118	觉生寺钟
122	敕建觉生寺御制碑
127	乾隆御制觉生寺大钟歌碑

| **133** | **大事记** |

| **163** | **后记** |

觉生寺

全国重点文物保护单位——觉生寺，位于北京市海淀区北三环西路甲31号。因寺中保存有一口"大明永乐年月吉日制"的华严钟（现称永乐大钟），所以人们也习惯称之为"大钟寺"。

觉生寺原为皇家庙宇，始建于清朝雍正十一年（1733）正月，雍正十二年（1734）冬季落成。乾隆八年（1743），明朝永乐年间铸造的华严大钟迁移至此，在寺院中路建筑后增建的大钟楼也于该年建成。全盛时期的觉生寺占地三万多平方米，坐北朝南，分为中路、东路、西路三组建筑，其中以中路建筑为核心，辅以东、西跨院及其他地区的庙产，蔚为壮观。正是因乾隆八年（1743）大钟移至寺内，至今悬挂于此，所以觉生寺又有大钟寺的别称。现有史料显示，至少从民国二十年（1931）以后，大钟寺的俗称就开始广为流传，觉生寺的原名逐渐淡出。

据现存《世宗御制觉生寺碑文》记载："……爰赐名觉生寺。……实无觉者,亦无觉之者,以无觉之觉,觉不生之生,斯朕之所谓觉生也欤!"由此,对雍正皇帝兴建觉生寺的初衷可窥一斑。

自兴建以来,觉生寺一直作为清朝皇室礼佛、刻经、祈雨等重要活动的重要场所,在当时京城的汉化佛教寺院中有着重要地位。虽然历经二百多年的风雨销蚀和战乱沉浮,觉生寺早已不复当年的风采和盛景,不过,古朴的院落、俊秀的建筑、浑厚的钟声……时刻诠释着其厚重的历史情怀和独特的文化魅力。

现代觉生寺俯瞰图

觉生寺

乾隆三十三年（1768）《贝利宁游记》（荷兰）中的永乐大钟

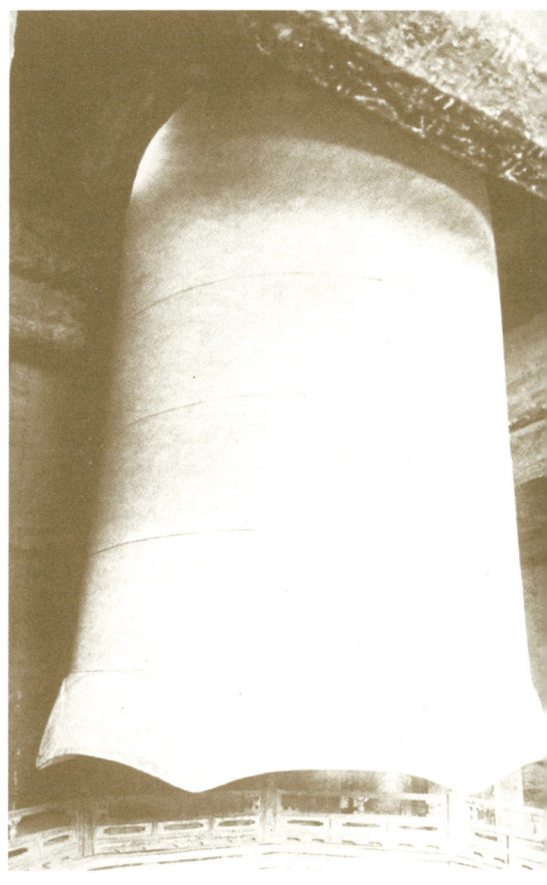

光绪三十二年（1906）的永乐大钟

民国九年（1920）的永乐大钟

民国二十九年（1940）的永乐大钟

觉生寺

光绪十六年(1890)的大钟楼

光绪二十六年(1900)的大钟楼

光绪三十二年（1906）的大钟楼

民国二十九年（1940）的大钟楼

沿革篇

沿革篇

觉生寺始建于清雍正十一年（1733），由雍正帝下旨敕建，次年冬天正式获赐名"觉生寺"。

根据雍正帝在雍正十二年（1734）所立敕建觉生寺碑碑文记载，觉生寺创建之初，其地理位置选在"京师西直门外曾家庄"（今属北京海淀区），乃在于该处高朗干爽，林木佳茂，而且"右隔尘市之嚣，左绕山川之胜"，适宜用作"寂静清修之地"。该碑文又记载，雍正帝有云"以无觉之觉，觉不生之生，斯朕之所谓觉生

清代觉生寺全景

也软"，故雍正帝为寺庙取名觉生寺，希望借佛寺"振其大觉之道，达夫正觉之旨"。

觉生寺建成不久，庄亲王等人向雍正提出移万寿寺大钟于觉生寺的建议，为雍正皇帝采纳后在觉生寺建悬钟楼，十年后即乾隆八年（1743）工程完工。

觉生寺建造之初为佛徒僧人寂静清修和善男信女们顶礼朝拜之所。乾隆初年，觉生寺又被辟为皇上祈雨的场所，由皇亲贵戚们来寺代皇帝拈香。此活动一直沿续到清朝末年。乾隆帝在位期间，曾多次亲赴觉生寺祈雨。

嘉庆年间，觉生寺为祈雨开设预备处，搭建祈雨平台，修缮御座房。

道光年间，觉生寺为祈雨安设凉棚，修缮虎皮墙、栅栏等。

光绪年间，京城雨泽稀少，帝心弥深焦盼，多次派亲王、贝

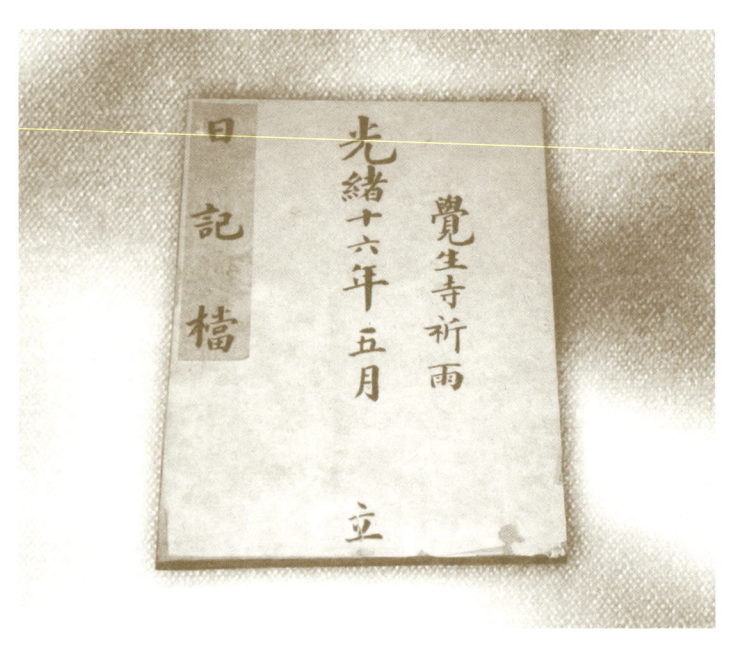

祈雨档案

勒、贝子往觉生寺恭代拈香。

根据史料记载，乾隆十二年（1747）、五十二年（1787）的相关觉生寺祈雨御制诗便被镌刻于敕建觉生寺碑的碑阴与碑侧，成为觉生寺曾作为皇家祈雨场所的历史见证。自乾隆初年后至清光绪末年，由觉生寺承担的皇家祈雨任务二百余次。

乾隆五十三年（1788）三月十八日，大臣奏报"臣等遵奉谕旨，于本月十八日在觉生寺敬谨设坛。十九日辰时开坛，虔祈雨泽。主坛：觉生寺掌印僧人达寿。领众：贤良寺副印僧人实宁、广通寺住持僧人际醒率领万寿寺住持僧人常济、柏林寺住持僧人际圆、善果寺住持僧人宗仪、崇孝寺住持僧人宁一、拈花寺住持僧人祖毓、广善寺住持僧人心诚。以上共僧众九名，每日夜于子、寅、辰、午、申、戌六时跪诵《大云轮请雨经》。每日午时献供送疏虔诚祈祷。本日即将法惠寺天竺甘露水敬谨请至觉生寺供奉。臣等于开坛日起每日轮流前往，寅时诣坛，至申时散"。在这里，乾隆皇帝要求在觉生寺开坛设道场，差遣京城各大寺院的主持僧人至觉生寺主坛诵经祈雨。可见，觉生寺的祈雨祭祀道场是当时京城各个寺院首屈一指的。

乾隆五十九年（1794）三月，大臣金简奉旨在觉生寺设坛祈雨。圣旨中明确要求其"照例办理"。由此可见，乾隆后期在觉生寺的祈雨活动已经形成了一项正式的祭祀制度。此后当京畿地区发生旱情时，清代的各朝皇帝便会依照此例在觉生寺设坛祈雨。至清朝后期愈加频繁。

觉生寺的祈雨祭祀佛教色彩浓厚。佛教祈雨兴起于唐代。当时，佛教祈雨盛行于世，并逐渐介入国家祭祀礼仪当中，这主要是由唐代佛教自身的强盛、国家对佛教的政治需求等诸多因素所决定。而佛教祈雨仪式的类型主要有诵经、转经祈雨，结坛持咒祈雨，有灵迹处祈雨等。流传下来的佛教史忠实地再现了中古社会兴坛祈雨的真实面貌。

清代觉生寺里的佛教祈雨仪式主要是拈香和诵经。所谓拈香，即指撮香而焚之。据《祖庭事苑·杂志》载："是以释氏之作佛事，未尝不以拈香为先者，是所以记香而表信。"后世多以拈香指代礼佛。拈香人是仪式的主要祭祀者。觉生寺祈雨的主要祭祀者或由皇帝亲任，或指派皇子阿哥、宗室亲王担任。

嘉庆二十二年（1817）五月，"上谕：本年京师入夏以来雨泽稀少,前派皇子及庄亲王绵课等两次虔祷三坛。兼旬以来,虽连次密雨廉纤,总不及分寸。朕心望泽甚殷,着钦天监于本月十七、十八、十九、二十四日内选择宜祀良辰。朕亲撰祝文,躬祭天神坛,派仪亲王永璇恭祭地祇坛,成亲王永瑆恭祭太岁坛,虔诚祈祷。前一日朕进宫斋戒并诣觉生寺、云神庙、风神庙拈香。祭日礼成后,诣时应宫拈香,回圆明园。此二日内陪祀及不陪祀一应执事当差之王公、文武大臣、官员、兵丁人等俱戴雨缨帽,穿青褂,并禁止屠宰。钦此"。

道光三年(1823)的四月,"上谕:京师自入春以来未得透雨。本月十七日晚间得阵雨一次,约不及二寸。现在农田望泽孔殷,宜申虔祷以冀速沛甘霖。着遴选道众在黑龙潭祈祷,遴选僧众在觉生寺诵经,均于二十四日开坛。朕于是日亲诣觉生寺拈香。黑龙潭派惇亲王前往拈香,即着在彼照料。福森在彼常川住宿,并派裕全、哈当阿、奕亨、敬效分为两班,轮班住宿上香行礼。觉生寺着派端恩照料,阿勒精阿在彼常川住宿。并派奕绘、盛贵、奕奎、裕宽分为两班,轮班住宿上香行礼。钦此"。

光绪年间，皇帝分别于二十五年（1899）、二十九年（1903）、三十三年（1907）亲临觉生寺祈沛甘霖。

与皇帝御驾亲临祈祷祭祀相比，更多的时候是皇帝委派皇子阿哥和宗室亲王等与皇帝有血缘关系的人代为拈香祭祀。由此可见，在觉生寺里举行的祈雨仪式的主要祭祀者是皇帝或者是和天子有血缘关系的近亲。觉生寺在清代皇家祈雨祭祀活动中的重要性可见一斑。

觉生寺的祈雨道场的开设时间主要是在农作物生长旺盛的农忙时节，即每年的农历二月至六月之间。这期间只要出现旱情，觉生寺随时准备祈雨祭祀。这一点是有别于国家正祀雩祭，也称因旱而雩。

"雩"字在《说文》注释为"夏祭乐于赤帝以祈甘雨也"。雩祭乃指中国古代社会祈雨祭祀之礼。其肇始于夏商，完备于周，是周代礼乐制度的重要组成部分，为我国古代各个大一统王朝因袭、发展。清人入关以后便仿照汉唐制度建立了雩祭礼制。清顺治十四年（1657）夏，开始规定每年的孟夏在圜丘举行常雩礼，祀天配祖。而觉生寺祈雨则是根据旱情的发展随时进行祈雨祷告，故而称之为"因旱而雩"。

乾隆五十五年（1790）四月，"上谕：朕于十三日驻跸南苑，自子刻至辰刻大雨倾注，极为深透。此亦阿桂所知者。及昨晚阅留京王大臣奏雨折，称京城同时得雨，不过寸余。蒋赐棨等奏报：南顶一带得雨亦仅一寸。而本日福崧自京前来，因召见面加询问，据奏京师北城一带得雨约有二寸，而皇城以南、前门内外，道途泥泞，街衢间段尚有积水，看来雨势颇大等语。胡季堂亦如此说。岂伊二人为饰言乎？是京城所得雨泽不止寸余，昨日留京王大臣报雨时阿桂尚未到京，嵇璜所奏分寸恐未确实。着传谕阿桂即将十三日京城内外及圆明园一带得雨是否深透，究有几寸之处，迅速查明，于本日具奏。至黑龙潭、觉生寺地方设坛祷雨，阿哥等轮往斋宿拈香，该处曾否同时普霑甘澍，并着阿桂寄宿。十二、十三两日在黑龙潭、觉生寺斋宿之阿哥等一并查明，据实覆奏，以慰廑注，将此传谕知之。钦此"。

乾隆五十五年（1790）五月，"上谕：京城于本月十七日仅得雨一寸，并未深透，而今日本报又未见伊等具奏续霑甘霖。看来京师一带究觉稍形干燥。着传谕留京王大臣，如现在未经续被甘膏，或大田稍有望泽之处，即着阿哥等仍前分赴黑龙潭、觉生寺两处虔诚祈雨"。乾隆五十五年（1790），觉生寺在两月之内连续举行祈雨祭祀活动。

至嘉庆二十二年（1817）三月至六月间连续在觉生寺开坛祈雨。每次少则三两日，多则连续七日。光绪年间甚至在冬季的十一月、正月都要进行祭祀祈雨的活动。可以说觉生寺祈雨是清代国家正祭的重要补充。

中国古代社会的国家大事"在祀与戎"，祭祀被看成不二的国家大事。农耕民族的重要祭祀内容就是祈求风调雨顺、物厚年丰，专做祈雨的雩祭礼就成为了我国古代社会祭祀的核心内容之一。觉生寺这所寺庙作为清代重要的祈雨场所，自建成后至清末的177年中见证了京畿地区的雨泽旱涝以及人们为祈求风调雨顺所做出的努力。

近年来我馆工作人员清理觉生寺大雄宝殿东配殿南侧耳房时，于北山墙樨头南侧立面边缘处发现刻有"前班求雨住处"等字。此处题刻共六字，纵向刻于墙砖上。六字为楷体，书写工整，阴刻于墙砖上，一砖一字，距地高度约为110厘米。字迹虽略有漫漶，但仍清晰可辨。这是今年发现的一处觉生寺祈雨的实物佐证。

民国后,觉生寺曾先后在民国十八年(1929)及民国二十五年(1936)向北平市公安局和社会局进行登记,获得了礼佛的执照。

民国二十七年(1938),中央农事试验场收购觉生寺二百六十六亩零四厘(原寺附属耕地四百九十二亩一分六厘,仅存二百二十六亩一分二厘)辟为试验农田。民国三十年(1941),中央农事试验场已经更名为华北

前班求雨处(一)

前班求雨处(二)

农事实验场,再次从大钟寺的管理者手里收购一部分土地。中华人民共和国成立后,这些科学试验田归属于国家农业科学院。直到今天,这块土地还有特殊的身份——试验田(今联想桥东南、东北两侧试验田)。

20世纪50年代至70年代末,大钟寺藏经楼以南由当时的寺庙管理组租给公私合营的北京果脯厂(今北京市第二食品厂)使用,大部分古建筑成了生产果脯、汽水饮料、食品的车间。藏经楼以北由普陀朝返僧看管,当时的钟楼油漆已剥蚀,大钟虽然还悬挂着,但被尘埃封满,一派凄凉残败的景象。昔日的皇家重寺变得面目全非。

1957年10月20日,大钟寺被公布为北京市第一批文物保护单位,寺内建筑凄凉破败,极需维护。80年代初,永乐大钟引起有关部门的高度重视,1980年3月经北京市人民政府批准成立了大钟寺文物保管所,同年10月大钟寺以藏有30多口古钟为基础,对外开放。此时的游客路经大钟寺村,从大钟寺东侧小门进出。至此,沉睡了多年的古老寺庙,又萌发出新的青春。

1982年1月1日零点,大钟寺举办了第一次辞旧迎新撞钟活动。

沿革篇

　　1983年，当时的北京市主管副市长白介夫主持召开了大钟寺搬迁、保护、修复和收集文物、陈列展览等问题的会议，决定了第二食品厂、一轻局技校、农机厂迁出大钟寺。在各级政府及有关方面的鼎力支持下，在工作人员的共同努力和依靠社会各界的大力支持下，1984年11月经市政府批准成立了大钟寺古钟博物馆，至1985年10月，大钟寺原有中路古建筑格局得以全面恢复，并克服重重困难，征集收藏了中国历朝历代各型各类古钟数百件，终于打开山门以崭新的面貌向社会开放。1986年对展览又作了调整和充实。1987年大钟寺被评为"北京十六景"之一。1996年大

博物馆大门

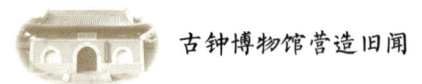

钟寺成为第四批全国重点文物保护单位。大钟寺古钟博物馆是目前全国唯一的以收藏、展览、研究、开发利用古钟和古钟资料,传播古钟文化知识为宗旨的专题性博物馆。

沿革篇

20世纪80年代觉生寺修缮工程

建筑篇

建筑篇

与兴建初期相比,今天觉生寺建筑规模大为减小,只保留了原有中路和东路部分建筑。尽管如此,一方面,作为传统中国佛教建筑,其整体布局遵循了唐宋以来禅宗寺院"七堂伽蓝"之制,即以中路的佛殿为中心,在南北中轴线上延伸院落,而辅助建筑和生活区分置两侧,不同功能的建筑之间主次分明又浑然一体。另一方面,作为与清朝《营造则例》制定、颁行同时期的皇家建筑群,其建筑规制也体现着明显的时代特征。这里主要结合北京市文物工作队于1958年2月26日所记录的一份"文物古迹调查登记表"(以下简称"调查登记表")所录资料,对现有建筑群组稍作介绍。

山门殿

山门殿，面阔三间，进深一间。汉白玉和青石基座，门前有青石踏跺四级。山门明间通透，梢间为石券形假窗。大式大木，檐下出一斗二升麻叶头斗拱。歇山调大脊，两侧有砖雕鸱吻一对，灰色筒瓦，子角梁上各有套兽一组，下悬风铃。山门门楣上方嵌有石质出水穿云飞龙纹匾额，正中为果亲王允礼手书"敕建觉生寺"。

山门殿

建筑篇

殿北侧

石券形假窗（南面）

殿内彩画

建筑篇

石券形假窗（北面）

门楣上方匾额

天王殿

进山门以内是第一进院落,北侧即为天王殿。天王殿面阔三间,进深一间,大式大木,彻上明造,七架椽屋,梁枋上饰以旋子彩画。屋顶为硬山调大脊,砖雕鸱吻,垂脊有套兽,灰筒瓦覆顶。整体木构建筑位于石质基座之上,明间南北出入口处置踏跺五级。明间南侧装有障日板壶门式门楣,明间北侧隔扇为六抹头三交六椀菱花格。次间为障日板壶门式窗。

殿内曾供奉四大天王。造像位于天王殿内东西两侧,泥质,高360厘米,塑造细致,沥粉彩绘描金,色彩鲜艳。四大天王中,一是东方持国天王,叫多罗吒,守护东方。白面,穿白色铠甲,手执的法器是碧玉琵琶。"持国"的意思是慈悲为怀和扶持国土,手持琵琶是表示用音乐感化众生,也表示"调"音。二是南方增长天王,叫毗琉璃,守护南方。青面,穿青色铠甲,手执的法器是青光宝剑。"增长"的意思是令众生增长善根,手执宝剑是为保护佛法,也代表挟"风"。三是西方广目天王,叫毗留博叉,守护西方。红面,穿红色甲胄,手上缠绕一条龙或一条蛇。"广目"的意

建筑篇

思是用"净天眼"观察世界,代表"顺",手缠龙蛇意思是群龙之首。四是北方多闻天王,叫毗沙门,守护北方。绿面,穿绿色甲胄,右手持宝幡,左手握银鼠。"多闻"的意思是指他的福德之名闻于四方,宝伞、银鼠,代表了下"雨"和制服妖魔,保护丰收。佛教认为四大天王是护法神、守护神,他们担负着护佛、护法、护僧、护国、护众生的职责。

天王殿

古钟博物馆营造旧闻

殿南侧面

建筑篇

旋子彩绘（一）

旋子彩绘（二）

天王殿山墙

建筑篇

明间北踏跺

北面明间隔扇

 古钟博物馆营造旧闻

钟鼓楼

钟鼓楼位于第一进院落的东西两侧，以"左钟右鼓"定制排列，即东侧为钟楼，西侧为鼓楼。两座建筑左右对称，造型一致，均为正方形双层重檐建筑，面阔一间，下层分别在四角增加角柱以增加承重。下层分别

钟楼

建筑篇

鼓楼

在西、东两边相向开有石券门，门前有青石踏跺四级，上层每边都开有障日板壶门式门楣。上层为歇山调大脊顶，砖雕鸱吻，灰筒瓦覆顶，角梁上均有套兽一组，上层两大三小，下层为两大五小，下悬风铃。大式大木，上下层屋檐下均有一斗二升麻叶头斗拱，上层每边六攒，下层每边八攒，内檐斗拱分布与外檐相同。

鼓楼东踏跺

障日板壶门式门楣

建筑篇

钟楼侧面

古钟博物馆营造旧闻

大雄宝殿

天王殿北侧为第二进院落，正中主殿即为坐北朝南的大雄宝殿。殿前有高约一米的砖石月台，东、南、西三面分置踏跺五级，大雄宝殿便坐落在月台北侧。大殿面阔五间，进深三间，明间和两侧次间向南出轩一间，轩顶为箍头脊，灰筒瓦。殿顶为硬山调大脊，砖雕鸱吻，脊梁上有套兽，灰筒瓦覆顶。大式大木，不用斗拱，梁与柱直接榫卯相接，彻上明造，五

大雄宝殿（一）

大雄宝殿（二）

架椽屋。梢间窗扇为四抹三交六椀菱花格，柱头、梁上、檩上、枋上和排檐上都有旋子、和玺彩画。

大雄宝殿两侧，分别为东、西配殿，东侧为伽蓝殿，西侧为祖师殿。两座殿相互对称，面阔三间，进深两间，殿前均出檐柱一间，各在南侧出耳房一间，前有青石踏跺五级。大式大木，不用斗拱，梁与柱直接榫卯相接，彻上明造，五架椽屋。硬山调大脊顶，灰筒瓦覆顶，砖雕鸱吻，有套兽。檐下部分有旋子彩画。

大雄宝殿内供奉的塑像群为一佛二胁侍，其中主尊为木漆金如来佛坐像，高180厘米，下有莲花座，座高140厘米，后有木漆金背光，高达320厘米。二胁侍为泥质彩绘，高175厘米，座高80厘米。二胁侍前有达摩、弥驮坐像，通高175厘米。

主尊左侧有木漆金韦陀护法像一尊，高140厘米，后有木漆金云山，高180厘米。

沿东、西山墙分置117厘米高的转台座，上有泥质彩绘十八罗汉像，高155厘米。另有木漆金带宝顶佛龛一个，高170厘米，宽80厘米，进深75厘米。木漆金关公像一尊，高175厘米。

 古钟博物馆营造旧闻

大殿东侧面

殿顶

建筑篇

屋脊

梁与柱直接榫卯相接

彩画

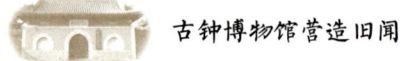

大殿北面

建筑篇

法堂

　　法堂位于大雄宝殿北侧第三进院落，坐北朝南，面阔五间，进深三间，前后明间均有青石踏跺五级。大式大木，不用斗拱，梁柱直接榫卯相接，彻上明造，五架椽屋，硬山调大脊，灰筒瓦覆顶，砖雕鸱吻，垂脊各有垂脊兽一套，沿山墙顶有排山滴水一周。

法堂

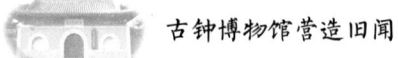 古钟博物馆营造旧闻

法堂南侧面

建筑篇

明间前踏跺

明间后踏跺

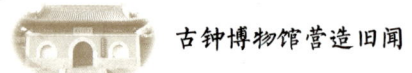 古钟博物馆营造旧闻

梁柱直接榫卯相接

法堂山墙

屋脊侧

建筑篇

彩画

藏经楼

藏经楼位于第四进院落北侧,坐北朝南,面阔七间,进深三间,分上下两层。下层建筑大式大木,不用斗拱,梁柱榫卯相接,屋顶装饰有平棊,门窗装饰有六抹头似寿字花格,北侧不开门窗,沿墙山柱置于墙体不外露。沿藏经楼东西两侧楼梯可以直上二层,二层南侧为走廊,围栏饰以宝瓶如意望板。二层建筑面阔七间,进深三间,彻上明造,七架椽屋,梁、檩、枋、椽头处均饰以旋子彩画。硬山调大脊顶,砖雕鸱吻,灰筒瓦覆顶,四周围以排山滴水,四角各有垂脊套兽一组。

建筑篇

藏经楼

藏经楼南侧面

古钟博物馆营造旧闻

门饰

建筑篇

藏经楼北侧面

古钟博物馆营造旧闻

藏经楼西侧楼梯

建筑篇

二楼南侧走廊

二层旋子彩画（一）

二层旋子彩画（二）

建筑篇

藏经楼鸱吻背兽

天花板

古钟博物馆营造旧闻

大钟殿

大钟殿位于第五进院落北侧，是觉生寺内独具特色的核心建筑，因特为悬挂永乐大钟所建，所以其建造年代略晚于其他殿堂主体建筑。大钟殿整体建筑从下至上主要分为两个部分，下层为一座巨大的青石双层台基，每层台基均围以浮雕流云望柱头，一层南侧有七级垂带踏跺，二层台基南侧有五级踏跺。大钟楼木质建筑位于台基上，也可分为上下两层。下层为方形，上层为圆形。下层建筑为庑殿式四坡形顶，灰色筒瓦，殿内平面呈正方形，面阔进深均为三间，大式大木，金柱四根，檐柱八根，旋子彩画。明间隔扇为六抹头似寿字形花格，次间窗子形式和隔扇与明间相同。内、外檐都有一斗二升麻叶头斗拱，明间十二攒，次间六攒。四坡顶中间伸出一圆亭，亭顶部有十二条垂脊，沿顶部的宝珠向屋檐方向成辐射形伸出，每条脊上都有砖制垂兽和五小兽。亭周围环以滴珠板。

大钟殿上层开窗十二扇，滴珠板上刻三幅云。窗檐上各有一斗二升麻叶头的斗拱各四攒，彻上明造，圆亭内环以走廊，有梯可登，从走廊上可以俯视大钟顶部。

大钟悬挂在一个由八根大柱子、五根直梁、四根

横梁搭成的大木架上。木架为朱漆绘描金蟠龙,钟架下有一座八角形浅井扩音池,四周环以木栏杆,站在扩音池底部可以仰视钟顶内部。

与大钟殿相连的东西配楼为重楼。大式建筑,硬山箍头脊,筒瓦。上、下各三间,都带有前廊。下层明间前有垂踏五级,沿墙有通往二层的步梯。重楼与大钟楼之间各有小房一间。

大钟殿形制特殊。主体建筑上圆下方,门窗规制四窗八牖。这种形制除了有需要悬挂永乐大钟的功能考虑外,还符合周礼中记载的明堂建筑的主要特征。所谓明堂,《周礼》载:"明堂,文王之庙,夏后氏曰世室,殷人曰重屋,周人曰明堂。"《礼记正义·明堂位》载:"明堂者,自古有之,凡九室,室四户八牖,……以茅盖屋,上圆下方……"汉蔡邕《明堂月令论》亦载:"明堂高三丈,东西九仞,南北七筵,上圆下方,四堂十二室,室四户八牖,其宫方三百步,在近郊三十里。"

大钟殿主体建筑上圆下方,设四窗且两两相对,窗为对开即四窗八牖。建筑开间成东西长、南北短的长方形。此种形制在北京现存古建筑中并不多见,有真觉寺金刚宝座塔上的罩亭、永安寺善因殿、大高玄殿的乾元阁等处。

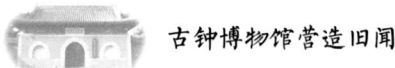 古钟博物馆营造旧闻

大钟殿

建筑篇

青石双层台基

流云望柱头浮雕

古钟博物馆营造旧闻

大钟楼两层木质建筑

建筑篇

旋子彩画

建筑篇

隔扇

古钟博物馆营造旧闻

梁柱木架（一）

梁柱木架（二）

建筑篇

梁柱木架（三）

八角扩音池

 古钟博物馆营造旧闻

东配楼

西配楼

建筑篇

善因殿

金刚宝座塔罩亭

乾元阁

历史人物与事件篇

朱棣与大钟

朱棣像

朱棣（1360—1424），明太祖朱元璋第四子。洪武三年（1370）被封为燕王。十三年（1380），至藩北平（今北京）。明惠帝朱允炆削藩之时，他以祖训为名，起兵"靖难"。建文四年（1402），夺取帝位，年号永乐。

永乐皇帝推崇佛教，撰有《神僧传》九卷。永乐十五年（1417）正月初六日，作《神僧传序》，在这篇序文里，对于"神僧"的意义以及他所要撰写《神僧传》的用意作了说明。序文如下："神僧者，神化万变，而超乎其类者也。然皆有《传》，散见经典，观者猝欲考求，三藏之文，宏博浩汗，未能周遍，是以世多不能尽知，而亦莫穷其所以为神

永乐大钟

永乐大钟顶部

也。故间翻阅，采辑其《传》，总为九卷，使观者不必用力于搜求，一览而尽得之，如入宝藏而众美毕举。遂用刻梓以传，昭著其迹于天地间，使人皆知神僧之所以为神者有可征矣。用书此于编首，概见其大意云尔。"被列入《神僧传》中的，始于东汉迦叶摩腾，终于元代胆巴帝师，共二百零八位"神僧"的事迹。由皇帝亲自撰写僧传，这在佛教史上是罕见的。

永乐十八年（1420）四月十七日，永乐皇帝又为《法华经》写了一篇序文，题为《御制大乘妙法莲华经序》。在这篇经序里，对《法华经》和佛教大加颂扬,叙述《法华经》的三次翻译和他"雠校"、重刻《法华经》的缘起——"爰自西晋沙门竺法护者,初加翻译,名曰《正法华》;暨东晋龟兹三藏法师鸠摩罗什重翻,名曰《妙法莲华》;至隋天竺沙门阇那笈多所翻者,亦名《妙法》。虽三经文理重沓互陈,而唯三藏法师独得其旨,第历世既远,不无讹谬,匪资刊正,渐致多疑,用是特加雠校,仍令镂梓,以广其传。"

《明史·艺文志三》还记载有永乐皇帝御制《诸佛名称歌》一卷,《普法界之曲》四卷。永乐皇帝不但要从理论上对佛教大肆宣扬,而且还制作歌曲来对佛教进行歌颂。

永乐皇帝下令铸造的华严钟,也是他尊崇佛教的具体表现方式。在华严钟内外铸满了或汉文佛号、经文,或梵文咒语,共计一百多种,二十三万多字。有《诸佛世尊如来菩萨尊者神僧名经》《法华经》《金刚经》《心经》《佛顶世尊如来菩萨尊者神僧名经》《护国陀罗尼经》《佛说阿弥陀经》七部;另有汉文经咒九项;梵文经咒百余项。其中在钟体外上部为朱棣于永乐十五年

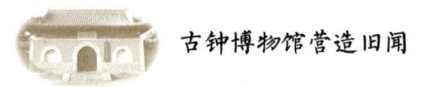

（1417）御制的《诸佛世尊如来菩萨尊者神僧名经》，该经的内容在钟体外壁占了六圈，在钟内壁上占了一圈半，是整个钟体上经咒所占面积最大的一种。因此，华严钟的铸成，是永乐皇帝崇信佛教心理的深刻体现。

姚广孝与大钟

姚广孝（1335—1418），明长洲（今江苏苏州）人，字斯道。十四岁出家为僧，为华严弟子，法名道衍。洪武中期随从燕王朱棣到北平，为心腹谋士。明惠帝削藩时，他密劝燕王起兵，并为其筹划军事。朱棣即位后，授姚广孝僧录司左善事，永乐二年（1404）四月拜资善大夫、太子少师，复其姓，赐名广孝。明成祖让其蓄发，意在使其还俗，姚广孝坚持不肯。永乐六年（1408），随驾回到北京，赐给他府邸，他坚辞不受，仍居庆寿寺。他平时住在僧寺，上朝时着朝服冠带，退朝后仍穿僧家缁衣，亦官亦僧，亦僧亦官。

姚广孝像

姚广孝在北京的活动，史籍有许多记载。

《长安客话》记载："庆寿寺亦名大慈恩寺，

在禁城西，嘉靖间，废为射所。俗呼演象厅。初文皇欲为姚广孝建第，姚固辞，竟居庆寿寺中。后退居天宁寺，百官遂于庆寿寺习仪。"

姚广孝曾在北京天宁寺居住过。清吴长元《宸垣识略·卷十三》记载："天宁寺在广宁门外，元魏孝文帝建为光林寺，隋为宏业，唐为天王，金为大万安。明宣德中修之，名曰天宁。……文皇在潜邸，命所司重修，姚广孝退自庆寿居焉。"

姚广孝在北京潭柘寺内潜心修华严，并在潭柘寺后建一"静室"，在那里度过了晚年的许多时光。潭柘寺内至今仍存有姚广孝所建"静室"的残垣。

姚广孝在北京的踪迹，最早的还要从北京房山说起。早在洪武二十一年（1388）春正月二十一日，姚广孝就曾来房山考察云居寺和石经，当年他在石经山雷音洞的石壁上镌刻下了即兴创作的《石经山》诗并序。

到了永乐以后，姚广孝曾在房山华严寺隐居。在房山周口店地区大韩继村，有永乐御赐给姚广孝的别墅——香光园，俗呼少师园。据香光寺残碑记载，香光园是唐代宝积禅师所创的一座古刹。因姚广孝一度在房山的华严寺隐居,永乐帝便将此寺赐给姚广孝作为别墅。姚广孝过世后,香光寺久而荒弃。明万历年间《敕建香光寺碑记》载:"广孝姚公,国初功臣,爵至少师,辞归山林,隐居太湖之华严寺,朝廷恩赐香光园为其别墅。"太湖,是房山岳各庄乡上方山麓的一个小山村,姚广孝隐居的华严寺早已塌废。姚广孝死后葬于北京房山圣岗墓塔中,在那里还存有"御制荣国公神道碑",在碑文中,永乐皇帝给予了姚广孝极高的评价。

姚广孝是一位华严教派下的高僧,作为永乐皇帝的谋臣,他的宗派思想直接影响着永乐皇帝。姚广孝修其华严,以其特殊的身份,使得监铸华严钟成为历史的必然。

《长安客话》记载:"钟铸自文皇,径长丈二。内外刻佛号弥陀法华诸品经,蒲牢刻楞严咒。铜质精好,字画整隽,相传为沈度笔。少师姚文荣公监造。"在清代的许多文献中,都记载了姚广孝监铸华严钟一事。

雍正皇帝与觉生寺

雍正皇帝即爱新觉罗·胤禛（1678—1735）。在位期间，改变了康熙时对汉族知识分子以笼络为主的策略，屡兴文字狱。曾用藩邸亲信鄂尔泰、田文镜、李卫等为重要地区的总督，于雍正七年（1729）建立军机房（后改军机处），并取消诸王对下五旗（正红、镶红、镶白、正蓝、镶蓝）军队的统率权，以加强中央集权。又实行摊丁入亩改革，以保证赋税收入。在西南少数民族地区推行"改土归流"，设置驻藏大臣，加强对西藏的管辖，又曾出兵平定青海和硕特部贵族的叛乱，并扼制准噶尔部贵族

雍正帝像

历史人物与事件篇

的侵扰。对外方面，曾与沙俄订立《中俄布连斯齐界约》和《中俄恰克图界约》，划定了中俄中段边界。

雍正皇帝是一个佛教造诣很深的人，他不但崇尚佛法，与僧衲往来，而且研究佛教理论，并书写有佛教著作多部。在位期间大兴土木，修缮古刹名寺，觉生寺也是他敕建的寺庙之一。

觉生寺开始建造后不久，雍正十一年（1733）四月，内务府奏销文件上记载将万寿寺华严钟移至觉生寺的奏折："十六日和硕庄亲王臣等谨奏：为移安万寿寺钟事，据员外郎管志宁、主事洪文澜看得觉生寺在京城之乾方，在圆明园之巳方，钟之本体属金，若移安觉生寺后甚为合宜；若在京城之东南安设，位属贪狼木星，有金木之克，未为合宜。看觉生寺殿宇五层，后阁属土，若在阁后另建一层安设此钟，取金土相生之意，甚属妥协。如蒙皇上谕允，臣等会同苏和纳，将阁后悬钟一层另绘图呈见。谨奏。奉旨：依议，钦此。"

雍正十一年（1733）十一月二十三日，雍正皇帝为觉生寺御赐匾额"慧照澄心"及"慧照澄

移钟奏折

"心"绫匾文一张。并下旨："着做九龙边石青地铜镀金字匾五面，本文托表做匣盛装，做得时请旨再送。"

雍正十二年（1734）九月初十日，觉生寺大小僧众齐集本寺，应用采亭龙旗御杖，恭迎内大臣海望所着官员，将做得钦题铜镀金字九龙边"慧照澄心"匾于初十日壬午时在寺内正殿内梁上悬挂讫。《日下旧闻考》记载有"殿内恭悬世宗书额曰慧照澄心"。

乾隆皇帝与觉生寺

乾隆皇帝（1711—1799）即爱新觉罗·弘历。世宗第四子。1736年—1795年在位。初封和硕宝亲王，即位后继续平定准噶尔部，消灭天山南麓大小和卓木的势力，又镇压大小金川土司叛乱。乾隆五十八年（1793）严拒英国特使马格尔尼提出的侵略性要求，打击了西方殖民主义者的野心。开博学鸿词科，访求书籍，完成《明史》《续文献通考》《皇朝文献通考》等书籍的编纂。乾隆三十八年（1773）开四库全书馆，十年后编成《四库全书》。同时借机销毁、篡改对清政权不利的书籍，

乾隆帝像

又屡兴文字狱,以加强思想控制。统治时期,到处巡游,特别是六次南巡。

乾隆自称为"十全武功",晚年自称"十全老人"。后期任用和珅二十年,大涨贪污之风,政治更加腐败。晚年清王朝开始由盛而衰。嘉庆元年(1796)初禅位给皇太子(即清仁宗嘉庆),自称太上皇,仍主要政。

乾隆在位六十年,加上三年太上皇,执政长达六十三年,占有清一代四分之一。他的政治、经济、文化、军事、外交等诸多活动,构成了色彩斑斓的历史画卷。乾隆自幼受汉满文化熏陶,就文化素养而言,历代帝王除乃祖康熙之外,无人可望其项背。在位期间,屡次出巡,遍留题诗。酷爱作诗的乾隆皇帝曾说过:"予向来吟咏,不屑为风云月露之词。每有关正典之大者,必有诗记事。"以诗来记政事,是乾隆皇帝作诗的一大特点。正因如此,乾隆皇帝的诗,可以说是乾隆历史的写照,是可靠的历史资料。这一点,我们从乾隆所作的觉生寺诗中也可以看到。

乾隆皇帝曾先后在乾隆八年(1743)、十一年（1746）、十二年（1747）和二十九年（1764）、四十一年（1776）、五十二年（1787）多次到觉生寺。除乾隆四十一年（1776）外，每次都留有诗词，其中乾隆十二年（1747）、五十二年（1787）的御笔诗，被镌刻于御制碑上。此后，觉生寺也成为京师的祈雨场所之一。

乾隆十一年（1746）《御制觉生寺大钟歌》用沈德潜韵，其碑现完好地收藏在大钟楼内。该碑文从帝王的视角，指出了明成祖朱棣铸造大钟的历史背景和用意，为我们今天研究华严钟提供了重要的参考资料。

乾隆五十二年（1787）正月初一，作有"觉生寺谢雨即事成什"的碑文。

另外，乾隆皇帝还为觉生寺亲自书写匾额："妙明正觉""华严觉海""般若真诠"。其中，"华严觉海"和"般若真诠"两匾，至今完好地保存在大钟寺内。

六世班禅与觉生寺

六世班禅曾经来过觉生寺的记载，见于河北省承德市外八庙之一的须弥福寿之庙。在吉祥法喜殿的展览中，有六世班禅参加祝寿及在北京活动的记载。须弥福寿之庙又称班禅行宫。乾隆皇帝亲笔撰写了《须弥福寿之庙碑记》，记载了建此庙的缘由。

须弥福寿之庙，建于乾隆四十五年（1780），当时正值乾隆七十寿辰，六世班禅前来避暑山庄为乾隆皇帝祝寿。乾隆皇帝参照顺治九年（1650）达赖五世到北京朝见顺治皇帝，顺治在北京德胜门外修建西黄寺供达赖五世居住使用的先例，决定依照六世班禅在西藏的日喀则住所——扎什伦布寺的形制，在承德避暑山庄北面的狮子沟阳坡修建此庙，供六世班禅讲经、居住之用。已届七十岁高龄的乾隆皇帝还特意学习了一般常用藏语，研习了藏史。

乾隆四十五年（1780）八月十三日，是乾隆皇帝的七十寿辰之日，班禅参加乾隆皇帝的寿诞庆典活动。在乾隆万寿节庆典活动期间，班禅向乾隆施无量寿佛大灌顶，并敬献了金铃、金佛和金杵。八月二十五日，六世班禅在承德的祝寿和佛事圆满结束后，在皇六子永瑢的陪同下，于当日离开承德，九月初二日抵达京城黄寺，传授佛法，为众多侍徒授戒。六世班禅在京期间，获准游历紫禁城，分别在各个佛堂内念经，游览了南苑、圆明园、香山、万寿山等处。同时还到永宁寺、觉生寺、恩佑寺、妙应寺、雍和宫等寺庙瞻拜，并主持了香山昭庙开光仪式，连续诵经三天。

六世班禅在京师住了两个月，十一月初二因染上天花，在西黄寺圆寂。次年，清政府将他的舍利金龛送回厚葬。乾隆四十七年（1782），高宗为了纪念六世班禅，在西黄寺的西侧建造了一座"清净化城塔院"。因塔内安葬六世班禅的衣冠经咒，故又有"班禅塔"之称。

虽然我们现在没有见到其他文献、资料对六世班禅在觉生寺活动的记载，但是，我们从第一历史档案馆的资料来看，乾隆四十一年（1776）五月初六日，还

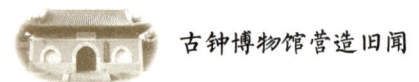

有乾隆皇帝"祭地坛毕,在觉生寺进早膳"的节次照常膳底文件记载,足以见觉生寺当时在京师的地位是很重要的,六世班禅瞻拜觉生寺也是很自然的事。

觉生寺庙会

清代庙会较为发达。觉生寺由于地处郊野,离城不远,交通便利,便成为了往来客商和货物的集散地。及至清中后期,其已经发展为北京著名庙会场所。

清《燕京岁时记》记载觉生寺庙会:"每至正月,自初一日起,开庙十日。十日之内,游人坌集,士女如云。长安少年多驰骤车马以为乐,超尘逐电,劳瘁不辞。一骑之费,有贵至数百金者。岂犹有金台市骏之遗风欤!"

清代震钧《天咫偶闻》记载:"自初一至十五日,游大钟寺。"

《朝市丛载》是清光绪年间的一部记述清时京师都城、衙署、厂肆、人物、文物、掌故等的书籍,多次再版、极为畅销,是一部了解北京风土人情的旅行指南。书中这样向读者推介了觉生寺(列为"京城五镇"之一):

（东镇）黄木：大木千围百丈高，东方作镇记前朝。瑰奇犹忆岩阿里，老干亭亭耸碧霄。（南镇）燕墩：沙路迢迢古迹存，石幢卓立号燕墩。大都旧事谁能说，正对当年丽正门。（西镇）大钟寺（钟）：钟大难悬梁上穿，深深楼覆韵飘然。游人到此占祥瑞，鹅眼青钱费万千。（北镇）昆明湖：昆明湖上晚晴初，眼望铜牛柳半疏。水远楼深难画处，顿教俗虑自消除。（中镇）景山：地安门里绕红墙，树影重重映夕阳。玉蛛金鳌桥上望，煤峰耸峙在中央。

其实，自大钟楼悬挂永乐大钟开始，民间便有了京城五镇之说。所谓"五镇"，其实是指元明清时期，按照道家"五行"金、木、水、火、土相生相克的理论，为"震慑妖魔，保京城平安"，在北京的东、西、南、北、中五个方位分别设置的五个镇物。

五镇之说固然玄虚，但至少在清末光绪年间觉生寺是游人在北京游玩的必去之处。

时至民国年间，许多新式的商场应运而生，如北京东安市场等。那里既有古老的东西，又有琳琅满目新的进口商品，而古老庙会上还是那些传统不变的东西，所以庙会的生意逐渐衰微。虽然觉生寺庙会可以勉强维持，但收入也大不如前。据民国二十七年（1938）《北京旅行指南》记载：觉生寺"据寺僧云：前二十年，每逢庙会之日，地上铜元可积至数十层。现因民困财竭，钟下铜元可积不多，言时大有今昔之感"。

觉生寺办学

民国政府在《寺庙管理条例》中明确规定:"寺庙得按其所有财产之丰绌,地址之广狭,自行办理左列各项公益事业一种或数种:各级小学校——民众补习学校——各季学校——夜学校。"根据政府的要求,觉生寺亦利用庙产所得开办学校。

民国十二年(1923)登记觉生寺庙产,体仁住持讲"寺中自办有民众学校一所,有学生四班,月需经费五六十元"。

民国十九年(1930),"房屋地亩所收粮石租金,均由住持管理,除维持僧众生活及修补庙宇外,其余全部作为本寺小学校之基金"。

民国二十年(1931)"办有民众学校二级所"。

民国二十年(1931)十一月,"……常年收益较前亦有增益,共计买地部分用去洋二千三百九十五元六角四分,下余洋二千余元,为民国十五年(1926)焚毁东配殿修缮和补足本寺小学外债"。

民国二十五年（1936）"兴办有民众学校一处，全年经费约四百元"。又："房屋地亩均由住持管理使用，除供佛及寄居僧人等外，其余全部作为本寺立之民众学校校舍。"

觉生劫案

民国纷争，觉生寺也难逃劫难。据记载，民国时期觉生寺曾有三宗大案在寺内发生。

1. 觉生寺文物被抢案

据1914年5月29日《京话日报》的《抢案志闻》一文报道："德胜门外西大道觉生寺（俗呼大钟寺），二十五日午，去了三个人，各持洋枪，自称是消防队办案，将和尚关在禅堂里，抢去郎窑瓶一个、景泰蓝五供一份、古瓷三件、银表四只、银元六元。本庙和尚云升，已在德胜汛呈报。按：大钟寺离城很近，竟会出抢案，本汛的官兵，实在难辞其责。"

现有资料显示，此案后经步军统领衙门京师警察厅的侦破，罪犯均被枪毙。侦缉队事务督察长李寿金，在给时任步军统领衙门吴炳湘总监的报告中，详尽记述了案发前后的情况，并有犯人口供、指纹记录。事后觉生寺知客喜乐受住持云升之遣，前往警局领回被盗物品。

2. 佛像被盗案

据京师警察厅编存文卷记载：1926年11月，"据大钟寺住持僧人静澜报称，于本月二十四日下午三时余，伊庙去有军人三名，身穿灰色军服，小檐军帽，左臂上带有元光，上书卫字。该军人进庙时适有外国人在庙里照相。该军人自赴后院，移时，该军人等由后院四层殿楼上搬出铜质孔圣人像一尊，高约二尺余，计重二十余斤。经僧人静澜拦阻，内有黄姓军人声称伊等是第十七军一营少帅（张学良）卫队，奉营长赵仲三令，赴庙内搬取佛爷一尊等语。随令同来之军人二名用洋车将佛像径行拉走，适有当家和尚普顺自外回归，随将黄姓军人让进庙内。询其声称伊等是镇威第十七军卫队，奉一营营长赵仲三命令来此搬取佛像，因张少帅在西直门内大后坑地方立有家庙，故用此佛像等语"。

后据侦查，"西直门内大后坑地方虽有庙二座，均系破坏不堪，亦无张少帅家庙"。此案没有侦破及相关记录，佛像下落亦无任何记载。

3. 蒙古阿王夫人灵柩被匪人毁损案

1937年10月21日，北郊区警署接第十段巡官宋占鳌呈报，"本月二十日前夜十时余，忽听本段所驻大钟寺庙外有割取电话线声音。旋由墙外跳进院内四五人，自将庙门开启，又进入约二十余名，均着杂色衣服，头戴美式帽，分持大小枪械。进门声言找警察，是时闻得墙外四周均有人声。巡官等以警力不敌，遂赴西跨院内隐避窥查动作。见该人等向庙内仆人张锡俊索要斧子两把，径赴庙内东跨院，至后夜三时余，该匪人等始行出庙往东南方逃逸，临行时并施放数枪。事后查视，见庙内东跨院所停蒙古阿王夫人灵柩，被匪用斧凿开，将尸身抬出棺外，内中有无丢失殓物，因庙内僧人体仁并不在庙，已派人报告灵主详查，再行具报，复查门外电话线被匪割断"。从当时觉生寺停蒙古阿王夫人灵柩来看，其寺仍有不小规模，地位亦不低。

旧藏篇

清雍正青花缠枝莲花纹折腰碗

青花瓷碗残片(一)

青花瓷碗残片(二)

1986年10月17日,在大钟寺东跨院施工中,挖掘出觉生寺青花瓷碗底残片一件,现已作为馆藏品收藏。

器形束口,折腰,圈足。釉质滋润,胎体坚实。碗心青花双圈内绘缠枝莲,外壁绘青花缠枝莲,青花发色深沉,绘图细致,结构紧凑,雍正朝标准器形,款识独特,双圈青花楷书"大清雍正年制",四边角加"觉生常住"款,非常罕见。

功德匾

大钟殿内东次间后金柱板上有一木制功德匾,匾长221厘米、宽94.2厘米、厚7.8厘米。四边饰以锦地纹,额书"万古流芳"。上书:"引善不昧,从来阴骘于下,民

功德匾

赖昊苍之德泽设教,以神道实隆,古所创垂,岂假神明为欺世之端,引报果为愚民之术欤?今因觉生寺钟楼敕建岁久、倾颓过甚,主持僧云升恳请诸位善士大人,功德无量,谨志日月矣。勉善堂助银贰佰伍拾两、守善堂助银壹佰伍拾两、省非斋助银叁佰两、宝善堂助银叁佰两、敦叙堂助银贰佰两、侯五峰助银贰拾两、积善堂助银贰拾两、无名氏助银拾两、锡年助银贰两。乙巳年季春,住持云升叩化。"

"华严觉海"匾

乾隆御笔"华严觉海"匾额,现悬挂在大钟殿外檐下。匾长356.5厘米、宽111厘米、厚6.5厘米。

"华严觉海"匾

"般若真诠"匾

乾隆御笔"般若真诠"匾额,完好地保存在大钟寺内。按照一般藏经楼的规制模式,这块匾当时应是悬挂在藏经楼一层正中的门楣之上。匾长217.5厘米、宽67.5厘米、厚5.5厘米。

"般若真诠"匾

铜钵

大钟殿院内有铜钵一个,钵上铸有莲花座荷叶形纹小佛龛一个,内铸:"愿铸钵功德,普及于一切,见闻随喜者,皆共成佛道。大清道光十六年(1836)菊月日诚造。"钵周铸有"南无阿弥陀佛"六个大字。口径90厘米、高60厘米。琉璃砖须弥座,上、下枭浮雕莲花瓣,束腰部浮雕绶带纹。

铜钵(一)

铜钵(二)

六鋬锅

1992年3月19日，在大钟寺东路工程施工中，发掘出原觉生寺铜质六鋬锅。高62厘米、口径116厘米。

六鋬锅

旧藏篇

民国壁画

在修复大钟寺东路方丈院时发现,壁画高132厘米、宽80厘米。壁画绘制精美,画风遒劲有力。人物形态生动传神,画面细节处理精妙。风格独特,但作者无可考证。

民国壁画(残缺)

界桩

界桩（一）（镌：觉生寺）　　　　　　界桩（二）（镌：东北界）

此件界桩于2011年2月被热心的文物爱好者发现。当时位于西土城路北京邮电大学西门外，竖立于元大都城墙夯土内。由于此处施工，界桩方暴露于世。

通过博物馆多方努力，于2013年5月入藏大钟寺古钟博物馆。发现的界桩长93厘米，截面为呈15厘米见方的正方形，青石质，上镌"觉生寺东北界"六字。字迹颇漫漶。从其出土地点推断，觉生寺庙产土地的东北界即在今蓟门桥以南，北京邮电大学西门外，元大都土城遗址内。

旧藏篇

界桩发掘地（一）　　　　　　　　　　界桩发掘地（二）

界桩发掘地（三）　　　　　　　界桩发掘地（四）

永乐大钟

觉生寺内陈悬的永乐大钟，史料里又称华严钟。虽来源于万寿寺，但最初铸造该钟的地方，却是北京鼓楼以西的铸钟厂——华严钟厂，历史文献有这一记载。清《日下旧闻考》记载："德胜门东为铸钟厂，其地有真武庙，内有顺治辛卯（1651）刘芳远撰碑。"清代吴长元《宸垣识略·卷八·内城四》记载："华严钟厂在德胜门东，其地有真武庙，有本朝顺治辛卯（1651）刘芳远碑。华严钟仅存其一，旧悬万寿寺，今移于觉生寺。余钟俱无考。"从上述记载可见，华严钟在铸钟厂铸成后，先是陈悬于明朝内宫掌管百官做佛事的机构汉经厂。

关于汉经厂，明万历间司礼太监刘若愚在其辑著的《明宫史·金集·宫殿》有详细记载："皇城内，自北安门里……再东稍南，曰内府供用库，曰番经厂、汉经厂，曰司苑局、钟鼓司。"

"皇城内旧设汉经厂，内臣若干员。每遇收选官人，则拨数十名习念释氏诸品经忏。其持戒与否，则听人自便。如遇万寿圣节、正旦、中元等节，于宫中启建道场,遣内大臣瞻礼,扬幡挂榜,如外之应付僧一般,其僧伽帽,袈裟,缁衣,亦与僧人同,惟不落发耳。圆满事毕,各易内臣服色。神庙会选择经典精熟、心行老成持斋者数员,教习宫女数十人,亦能于佛前作法事,行香念经,若尼姑然。"

明成祖驾崩后,汉经厂废弃不用,永乐大钟或"徙置荒村冷寺之中"或"桐鱼废置地上","任人游览"。到万历年间,神宗再兴汉经厂,这才将华严钟移至京西新建不久的万寿寺,"日俾六僧击之,天启中,置复击,卧地上"。其原因便是"帝里白虎分不宜鸣钟者,遂卧钟于地"。

永乐大钟在经历二百多年的辗转后,至明末,又复置于地上。对此,明清两代的诸多史料、文献和笔记均有详细的记载。

《帝京景物略》记载:"慈圣宣文皇太后所立万寿寺,在西直门外七里,广源闸之西。万历五年(1577)时,物力有余,民已悦豫,太监冯保,奉命大作。……文皇帝铸大铜钟……天启年中,钟不复击,置地上。"

《长安客话》记载:"钟铸自文皇,径长丈二,内外刻佛号弥陀法华诸品经,蒲军刻楞严咒。铜质精好,字画整隽,相传为沈度笔。少师姚文荣公监造。数百年朱翠斑隐隐欲起,即置商周彝鼎间,未多让也。近年自宫中移此,昼夜撞击,声闻数十里,其声竑竑,时远时近,有异他钟。"

至清雍正十一年(1733),清政府决定将万寿寺的永乐大钟迁移至"京城之乾方,在圆明园巳方"的觉生寺内。

据《日下旧闻考》记载,直至清乾隆八年(1743),大钟才移至觉生寺,觉生寺也因此完成了包括大钟楼建设和悬挂大钟的全部工程。

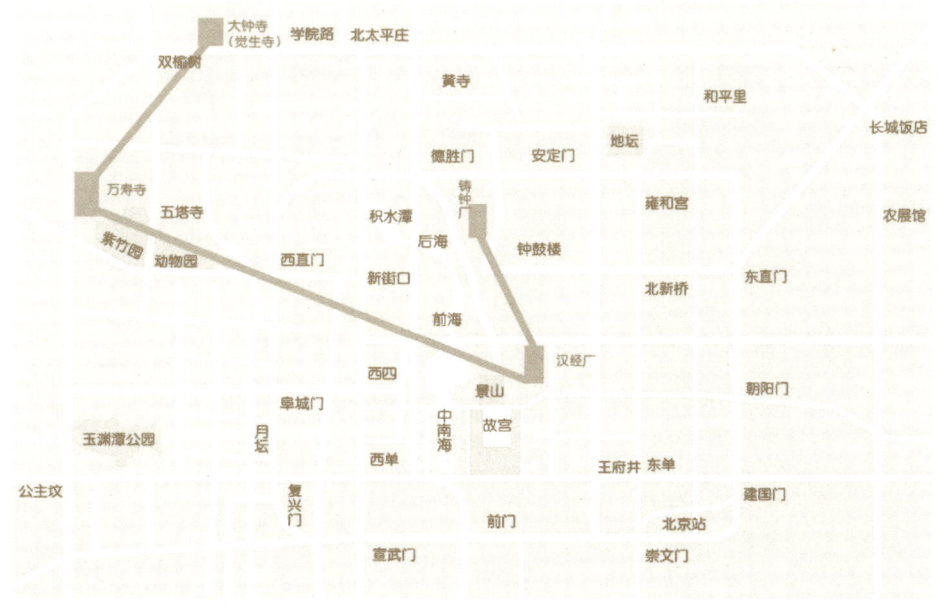

迁移图

诸家史籍对大钟的迁移多有记载：

清《日下旧闻考·卷九十九·郊坰》记载："曾家庄有觉生寺……雍正十一年（1733）敕建。殿内恭悬世宗书额，曰'慧照澄心'。皇上御书额曰'妙明正觉'，钟楼额曰'华严觉海'，禅堂额曰'般若真诠'，皆皇上御书。殿前恭立世宗御制文碑，碑阴恭勒乾隆二十九年（1764）皇上御制诗。寺内大钟，明永乐间铸，万历间从汉经厂移置万寿寺，乾隆八年（1743）皇上命移置兹寺内。"

清《宸垣识略·卷十四·郊坰三》记载："觉生寺在曾家庄，雍正十一年（1733）建，乾隆间移明永乐时华严钟悬于寺内。有世宗御制碑，又今上御书并御制诗勒碑阴。"

清《光绪顺天府志·卷五五二·寺观二》记载："觉生寺，雍正十一年（1733）敕建，在曾家庄。殿前立世宗御制文碑……钟楼前立高宗御制大钟歌碑。钟为明永乐年间铸，万历间从汉经厂移置万寿寺。乾隆八年（1743），奉命移置兹寺。"

清《燕楚游骖录·卷二》记载："觉生寺系清雍正

旧藏篇

十一年（1733）敕建,寺内大钟明永乐间铸,万历间从汉经厂移置万寿寺,乾隆八年（1743）移至兹寺内,今俗称大钟寺。"永乐大钟"自移置此寺后,惟久旱祈雨则击之,而钟遂为关后典礼一物"。

相传,动迁大钟时,每隔一里挖井一口,将沿途通过的道路挖成浅沟,等到冬天,再往沟里注水冻冰,将钟放在冰上,用畜力拖拽运行。每到一个陈悬之地,便要将钟垫高,悬挂于一根粗壮的横梁和八根向内倾斜柱子组成的钟架上,然后打地基、刨槽,建钟楼。这个过程就是具有现代工业运输工具的今人,亦是难以想象和艰难的。一口重达46500千克的大钟,就这样历经辗转,终于在几次大的迁移后,落户到了觉生寺。

从此,觉生寺作为皇家寺庙,礼佛鸣钟,尽职尽责；华严钟亦从此结束了颠沛的历史,在觉生寺内近三百年长鸣不衰。

华严钟形体巨大,通高675厘米,钟口最大直径330厘米、重46500千克。青铜材质,桥形钟纽,钟体上窄下宽。圆肩,自肩向下有六道凸弦纹,将钟体分为七个部分。钟裙部有两枚钟月。

如此巨大的铜钟,悬挂在木质梁架上几百年来安

113

悬钟钟纽与梁架（一）　　　　　　　　　　悬钟钟纽与梁架（二）

钟纽的悬挂

旧藏篇

然无恙,关键在于悬钟的梁架采用的是三层重叠纵横架构,将主梁所承受的应力分散到其他十个断面上,使八根立柱承受的负荷,即便是在有地震的情况下也基本稳定。支撑框架的八根巨大贴金攀龙立柱,均向内侧倾斜,这是传统建筑施工中的"侧角"技术,它对抵消钟架晃动和防止榫卯脱落有重要作用。

永乐大钟钟声浑厚、悦耳,得益于高超的铸造工艺。钟腰部厚度是9.4厘米,而钟口部厚度是18.5厘米,钟口不仅厚于钟腰,而且明显外张,与钟腰形成一个抛物线。如此的形制,既不易被撞裂,又容易使钟声更加悠扬悦耳。在大钟不同厚度的各个部位,撞击后都会产生相应的振动频率,由于频率丰富,形成各种分音,出现拍频现象,可以听到钟声起伏"兹兹"之声。

在永乐大钟悬挂的正下方,设有一个直径400厘米、深70厘米的八角形音池,《清代北京竹枝词》记载永乐大钟"梁穿其钮,下掘池以散其音"即指此处。该池是直接在青石台基上砌筑而成,呈八角形,这种设置为钟声的传播起到了束音的作用。因此,每当钟声响起,永乐大钟圆润浑厚的声音可以传播得很远。

115

如此壮美的永乐大钟，其铸成年代却没有明确的记载。以往，永乐大钟的铸造年代一直沿用钟体上所铸的"大明永乐年月吉日制"。

据史料记载，永乐十八年（1420）九月，朱棣下诏自明年起改北京为京师，到十九年（1421）正月，朱棣便御奉天殿受朝贺，朱棣把都城正式迁到北京。永乐大钟虽不是朱棣迁都北京的定鼎之钟，但其作为佛门梵钟是朱棣为"敬愿大明永一统"，为配合定鼎之庆的佛事而铸则是毫无疑问的。因为大钟只有在1421年正月前铸成并悬挂完毕，才有可能在朝贺仪式上鸣响，以达其意。

朱棣永乐一朝，自燕王夺得皇位改元永乐的1403年癸未始，至甲辰明永乐二十二年（1424）仁宗即位终，凡二十二年。其间从永乐四年（1406）闰七月下诏在全国各地督民采木、征发木匠，到永乐十五年（1417）六月北京营建工程正式启动，准备工作做了十年。再经三年"凡庙社、郊祀、坛场、宫殿、（门）阙规制悉如南京"的营建，终于在永乐十八年（1420）九月以前全面竣工了。因此，属于营建北京工程主要项目的永乐大钟，其铸造、搬运、悬挂，应随庙社、郊祀、坛场、宫殿建设一道完成,甚至提前。这不仅是因为铸钟不但要使其成型,更重要的是要在铸造完成后,获得高质量的音响效果。如有不测,甚至推倒重来都是铸钟领域里常有的情况。

清《宸垣识略·卷八·内城四》记载:"华严钟厂旧钟高二丈余,阔一丈余者尚有十数,仆地上,皆楷书佛经。"这也说明,永乐大钟是在众多的佛钟里挑选出来的。另有《录章辛翼如致退舟函》中转忆《秀水朱氏旧闻考》说铸钟之初"似当时所监制,约有六七(亦有说"尚有十数,并非六七")。后因铸钱销毁,乃至末季仅存二,一置钟楼,一即大著所记(指永乐大钟)"。这些文献记载都说明铸钟的过程,是一个非常严肃、谨慎的过程。它必须预留出足够、必要的时间。此外,还有搬运、安装等一系列工程。因此说,永乐大钟的铸造时间只能是在永乐十五年(1417)六月以后至永乐十八年(1420)九月以前的这段时间里,只有这个时间的上限和下限是相对正确和符合历史的。

觉生寺钟

觉生寺钟

觉生寺钟铸于明代，青铜材质，钟高130厘米、钮高29厘米、口径91厘米，重654千克。钟钮为双龙头蒲牢钮，两龙头相背回首向上，造型较为独特。钟肩饰莲瓣花纹二十四朵。钟体被粗细不等的八根凸弦纹分成上下两个部分，上下各有四个矩形方框。钟裙部铸有与蒲牢头位置相对应的两枚钟月。钟唇部位与多数明清时期古钟的特点相比较，底口波状口较浅。

觉生寺建于清雍正十一年（1733），这口钟并不是随建寺而铸，属前朝旧藏。钟上部牌位处所铸款识不知何年代被人为刮掉，钟体铭文区内也没有文字，下部铭文区亦有明显刮痕。1990年经北京市文物鉴定委员会鉴定为明代铜钟。

觉生寺钟，其蒲牢钟钮是比较常见的钟钮形式。蒲牢是传说中龙生九子之一，善吼，古人常以其形为钟钮。原来蒲牢居住在海边，虽为龙子，却一向害怕庞然大物般的鲸鱼。当鲸鱼一发起攻击，它就吓得大声吼叫。人们报据其"性好鸣"的特点，"凡钟欲令声大音"，即把蒲牢铸为钟纽，而把敲钟的木杵作成鲸鱼形状。敲钟时，让鲸鱼一下又一下撞击蒲牢，使之"响入云霄"且"专声独远"。

古时民间有"龙生九子，各有所好，但都不成龙"的传说。所谓"龙生九子"，并非龙恰好生九子。中国传统文化中，以九来表示极多，有至高无上地位，九是个虚数，也是贵数，所以用来描述龙子。明代一些学人笔记，如陆容的《菽园杂记》、李东阳的《怀麓堂集》、杨慎的《升庵集》、李诩的《戒庵老人漫笔》、徐应秋的《玉芝堂谈荟》等，对诸位龙子的情况均有记载，但不统一。这里就主要以《中国吉祥图说》来了解具体是哪九子。

1.囚牛：喜音乐，蹲立于琴头。

2.睚眦（yá zì）：嗜杀喜斗，刻镂于刀环、剑柄吞口。

3.嘲风：形似兽，平生好险又好望，常用内殿台角上的走兽，也有人一直认为它是有着龙脉的凤。

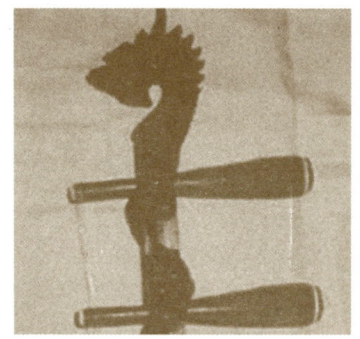

囚牛

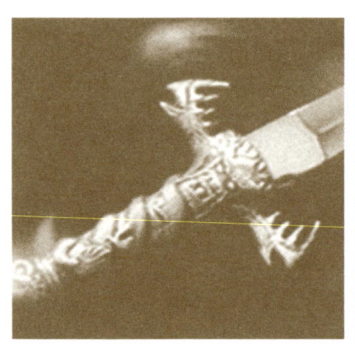

睚眦

嘲风

蒲牢

4.蒲牢：受击就大声吼叫，充作洪钟提梁的兽钮，助其鸣声远扬。

5.饕餮：形似狮子，排行第五，古代钟鼎彝器上多刻其头部形状作为装饰。

饕餮

6.赑屃（bì xì）：似龟有齿，喜欢负重，故用以载石碑。

7.狴犴（bì àn）：形似虎，好讼，狱门或官衙正堂两侧有其像。

8.狻猊（suān ní）：形状像狮，好烟火，又好坐。庙中佛座及香炉上能见其风采。

9.螭吻（chī wěn），又名吞脊兽，口润嗓粗而好吞，遂成殿脊两端的吞脊兽，取其灭火消灾。

赑屃

狴犴

狻猊

螭吻

敕建觉生寺御制碑

此碑是记载觉生寺历史的重要文献资料。原立在大雄宝殿前,北京第二食品厂占用觉生寺期间被倒置于地上,用以晾晒果脯,铺垫机器用。北京市文物局接管并修缮觉生寺时,才将这块雍正皇帝御赐的石碑从机器下抢救出来。敕建觉生寺御制碑,汉白玉质,

敕建觉生寺御制碑

出土的赑屃(头部残缺)

残长217厘米、宽99厘米、厚39厘米。碑文正面文字已经风化，荡然无存。

2004年3月18日，大钟寺古钟博物馆在修缮寺院甬路工程时，在大雄宝殿前偏左（东）侧，出土一件石刻赑屃。其残长154厘米、宽108厘米、高78厘米，头部已残缺。根据1963年5月15日北京市文物工作队所做的《大钟寺四有工作报告》记载："（正殿左方）石碑一方，螭首龟趺，首篆'御制'二字，碑身周浮雕二龙戏珠，碑阳文'敕建觉生寺碑文''大清雍正十二年岁次甲寅仲冬月　日讲起居注官翰林院编修臣张若霭奉敕敬书'……"现碑首已不见，只存碑身和残缺的螭首龟趺座。碑正面原有的文字已经风化，只有碑阴及碑侧依稀可见文字。幸正面碑文拓片保存较完好，录文如下：

敕建觉生寺碑文

朕惟生佛皆是空名，迷觉无非幻法。如来不云乎：但以假名字引导于众生，故三乘、六度、菩提、涅槃诸说悉为方便接引之法。譬诸云兴太清，沤生大海，虽空海所不拒，实空海所不受也。清净之性亦复如是。而人方执身口意为实惟贪恚痴是著，如清明眼受诸蒙翳，妄有所见，是以如来以名字言教之药药之。但使翳消，更无别法，便能了然于无住之性湛尔，无为之法萧然，非有非空，不离不即，尚无少法可得,乌容有可执之相哉!故从无住以生心,心心无住;以无为而差别,法法无为。则空而不空,不空而空;幻而不幻,不幻而幻。生佛亦然,如是觉者名为正觉,不如是者不名为觉。京师西直门外曾家庄有圆址爽垲,长林佳茂,此地右隔尘市之嚣,左绕山川之胜,宜为寂静清修之地,用是肇建梵宇。经始于雍正十一年正月,告成于十二年冬,爰赐名觉生寺。俾禅者主之,参徒萃止,振其大觉之道,达夫正觉之旨,转根本觉轮,示无生觉相,皆得反迷为悟,易若反掌;即俗成真,速于弹指,使慧日恒明,真风长扇,则此珠林香界讵非尘海之觉津欤!虽然,实无觉者,亦无觉之者,以无觉之觉,觉不生之生,斯朕之所谓觉生也欤!

大清雍正十二年岁次甲寅仲冬月。日讲起居注官翰林院编修臣张若霭奉敕敬书。

张若霭(1713—1746),清安徽桐城人,字晴岚。张廷玉长子,雍正十一年(1733)进士,擅长书画、诗。

碑文很明确地记载了寺庙的建造年代"始于雍正十一年(1733)

敕建觉生寺碑文

旧藏篇

正月,告成于十二年(1734)冬"。寺名出自雍正皇帝对于佛理的参悟,"实无觉者,亦无觉之者。以无觉之觉,觉不生之生,斯朕之所谓觉生也欤",故雍正帝为寺庙取名觉生寺,希望借佛寺"振其大觉之道,达夫正觉之旨"。

碑阴录文:

侵晨奠静安,返跸礼旃檀。
结习镇如此,觉生良已难。
聊因甘雨足,稍为怅怀宽。
调御无忧喜,金刚四句观。
　　　　　甲申仲夏上瀚御题。

碑阴

碑西侧录文:

精舍花宫畔,萧闲小憩娱。
宁当夸玉食,聊可试伊蒲。
目共夏云朗,心同阶草苏。
觉生生未觉,祈岁祇殿吾。
　　觉生寺精舍小憩作。壬寅孟夏之月中瀚御笔。

碑西侧

古钟博物馆营造旧闻

碑东侧

碑东侧录文：

熟读云汉诗，曰靡神不宗。
我每值旱时，用此申祈恭。
近年翻支那，坛请载其中。
清净设供养，虔求等寓龙，
然有应弗应，难云诚之通。
辟逢严君怒，子职迫忱仲，
无方冀其释，遑论礼异同。
昨适蒙膏泽，因之谢梵宫，
解嘆实改观，续霈仍切衷。

觉生寺谢雨即事成什。壬寅孟夏之月中瀚御笔。

旧藏篇

乾隆御制觉生寺大钟歌碑

御制觉生寺大钟歌碑

碑通高308厘米、宽84厘米、厚26厘米，汉白玉质，螭首方座。碑座上部饰以覆莲瓣，四周饰佛教吉祥图案。碑身两侧饰缠枝牡丹纹。碑阳镌刻乾隆御题觉生寺大钟歌碑文，四周饰以卷草纹。制作精良，雕刻精美。

永乐大钟于乾隆八年（1743）在觉生寺安置妥当。乾隆十一年（1746），乾隆皇帝作《御制觉生寺大钟歌》。全诗为歌行体诗，共58句，500余字。碑文以帝王的眼光，道出了明成祖朱棣铸造永乐大钟的历史背景和良苦用意，从大钟的成因到大钟的迁移都有描述，是今人研究永乐大钟和觉生寺的重要文献资料。

碑座

碑侧

旧藏篇

碑阳录文：

晁谋弗善野战龙，金川门开烈焰红。
都城百尺燕飞入，齐黄群榜为奸凶。
成王安在乃定案，夹辅公旦焉可同？
瓜蔓连抄何惨毒！龙江左右京观封。
谨严难逃南史笔，忏悔讵赖佛氏钟？
道衍伾被荣将命，犍椎冶尽丹阳铜。
穹隆重过万石簴，印泥精镂禅机锋。
夏屋十寻虡不举，鲸鱼盈方丈堪舂。
山灵水族无不具，魑魅魍魉怪哉虫。
欲藉撞杵散愤气，安知天道怜孤忠！
榆木川边想遗恨，凫氏徒添公案重。
忆昔遨游西海子，水天上下玻璃空。
一川可通万寿寺，夤缘偶挹曹溪宗。
乔松偃盖假山古，杰阁巍巍独据中。
洪钟在悬洵伟观，连吟更喜昆弟从。
苍黝其色蟠其钮，中宏外夆何隆隆！
华严字迹传沈度，半满全揭开群蒙。
觉生鹿苑皇考创，材饬内帑群鸠工。
谓是善吼周沙界，乃从旧寺移乘风。
大清十里渺乎小，日日演梵闻离宫。
擅考巳廓苾刍眼，摩挲更畅骚人胸。
不离一步钟如是，东西分别心犹蓬。
我惜德潜老始达，其诗亦复伦考功。

成编著作呈乙览，不闻肯作苏伴聋。
独爱长歌践其韵，非侈藻采争雌雄。
载赓酬倡古弗废，诗话千载留芳踪。
圣经佛旨究异路，将以何道训成童？
于论于乐备法物，安可以此归辟雍？
安可以此归辟雍？不如任彼出林大且逢。

　　觉生寺大钟歌用学士沈德潜韵。乾隆丙寅仲春御制并书。

　　碑文载明全诗是用学士沈德潜的韵脚。沈德潜，清朝著名诗人，字确士，号归愚，长洲（今江苏苏州）人，编有《古诗源》《唐诗别裁集》《明诗别裁集》《清诗别裁集》等著作，清史有传。乾隆四年（1739）以六十七岁高龄得中进士。官至礼部侍郎加封太子太傅。乾隆十四年（1749）致仕，年八十有余。沈氏以诗见长，风格高华雄壮，富于变化的美感，同时强调诗作要为封建政治服务。故得乾隆帝赏识，多次南巡，特命已致仕在乡的沈德潜陪侍。并多次奉召进京参加皇家庆典。后因牵连进乾隆末年的"一柱楼诗案"，被夺爵削坟。沈氏所作《大钟歌》不见碑刻实物。其录文收录于《宸垣识略》。

录文：

牙角鬐鬐蟠老龙，色相古黝兼青红。
旋虫躩跜列众兽，旁罗鬼怪诸奸凶。
重逾万石更万石，汉高庙器将毋同？
金泥传自明永乐，迁都北地仍燕封。
庙社既建鼎吕定，次及梵宇成华钟。
道衍监造役𫘤氏，数倍仙掌镕金铜。
弥陀华严荟全部，沈学士笔藏棱锋。
悬之杰阁入云表，六僧举杵齐撞舂。
当年燕飞啄孺子，南兵百万为沙虫。
抄连瓜蔓凝碧血，祸延赤族锄群忠。
凭仗佛力消黑业，趪趪声彻天门重。
恒河沙数至无算，火焰灭熄刀轮空。
从来王者贵不杀，岂缘象教尊禅宗？
神孙更创万寿寺，大珰势力移其中。
熹宗以后委诸地，龙卧沙草云难从。
熙朝郭西建宝刹，重楼复殿栋宇隆。
锡名觉生代木铎，警醒愦愦怜愚蒙。
钟从废寺徙新构，万牛回首驱徒工。
鲸铿鼍鸣警课诵，响达长乐随天风。
我来郊原访林麓，一径委折趋灵宫。
谛视古迹决双眦，伟观一豁平生胸。
因思鸡鸣埭西北，巨钟蚀土眠蒿蓬。
摩挲永乐二年铸，两地祷福邀天功。

古钟博物馆营造旧闻

一钟沦弃声久哑，一钟叩击惊顽聋。
蒲牢亦等遇不遇，何况士类分雌雄！
独惜大镛置佛地，虚无祇伴金仙踪。
今皇崇道讲经学，鸿都观礼来耆童。
始终条理藉法物，曷不辇载归辟雍？
于论于乐颂圣德，相和鼛鼓声逢逢。

大事记

大事记

雍正十一年（1733）

正月，敕建觉生寺。据世宗御制碑文记载，觉生寺"经始于雍正十一年（1733）正月，告成于十二年（1734）冬"。四月，和硕庄亲王向雍正建议移安万寿寺华严钟于觉生寺。自此，觉生寺兴建悬挂大钟的钟楼和自万寿寺移钟的工程开始启动。

十一月二十三日，雍正御赐匾额"慧照澄心"及"慧照澄心"绫匾文一张。并下旨："着做九龙边石青地铜镀金字匾五面，本文托表做匣盛装，做得时请旨再送。"

雍正十二年（1734）

九月初十日，觉生寺大小僧众齐集本寺，应用彩亭龙旗御杖，恭迎内大臣海望所着官员，将做得钦题铜镀金字九龙边"慧照澄心"匾于初十日壬午时在寺内正殿内梁上悬挂讫。

古钟博物馆营造旧闻

乾隆五年（1740）

六月初十日，觉生寺经奏事郎中张文彬奏奉，此前"觉生寺……等六寺庙俱系常住地方，向无粘补修理之例"，后觉生寺获得"每年共领养赡银三百两"。

乾隆八年（1743）

据《日下旧闻考》记载，华严钟从万寿寺迁至觉生寺。乾隆八年（1743）御制觉生寺大钟诗："雷纹隐篆虫，半子蕴洪铜。善吼周三界，声闻具六通。横枌为撞杵，夏屋是乘风。待叩何须叩？当前悟色空。"

乾隆十一年（1746）

该年内务府奏销档记载："觉生寺住持超成，九十领禅僧三十二众，跪奉圣驾。"

同年《御制觉生寺大钟歌》用沈德潜韵，诗后被镌刻在石碑上。

乾隆十二年（1747）

《日下旧闻考》记载该年觉生寺御制诗："禅关郭外清，小憩喜秋晴。树影疑翻贝，钟声偶发鲸。尘心何

大事记

处着？画意逐方呈。一叩三乘演，诚哉善觉生。"

乾隆二十九年（1764）

《日下旧闻考》记载："乾隆二十九年（1764）御制觉生寺诗：侵晨奠静安，返跸礼旃檀。结习镇如此，觉生良已难。聊因甘雨足，稍为怅怀宽。调御无忧喜，金刚四句观。""觉生寺御制诗始见于乾隆十二年（1747），又二十九年（1764）御制诗恭刊于世宗御制文碑后。"此后，觉生寺成为京师祈雨场所之一。

乾隆四十一年（1776）

正月十二日，节次照常膳底档："五月初六日祭地坛毕，觉生寺进早膳，同乐园进晚膳，俱用填漆花膳单摆，照常膳品，照常家伙。"

乾隆四十五年（1780）

八月二十五日，六世班禅在承德的祝寿和佛事圆满结束后，在皇六子永瑢的陪同下，于当日离开承德，九月初二日抵达京城黄寺。班禅在京期间，获准游历紫禁城，分别在各个佛堂内念经，游览了南苑、圆明园、香山、万寿山等处。同时还到永宁寺、觉生寺、恩佑寺、妙应寺、雍和宫等寺庙瞻拜，并主持了香山昭庙开光仪式。

乾隆五十二年（1787）

正月初一，乾隆御制觉生寺"精舍花宫畔，萧阁小憩娱。……"诗，落款为"壬寅孟夏之月中瀚御笔"，刻于觉生寺御制碑侧，因碑有损毁，部分诗句字迹漫漶。与此同时，作有"觉生寺谢雨即事成什"的碑文也刻于御制碑侧。

嘉庆元年（1796）

四月初八，觉生寺接旨："觉生寺祈雨应行预备之处，急速前往预备。"并开列各项材料单据，于该日即搭祈雨平台摆设。

嘉庆三年（1798）

三月初九日，中堂奉谕觉生寺旨："觉生寺祈雨应行预备之处急速预备。"并列单于后。

嘉庆十四年（1809）

九月二十六日，觉生寺为该年祈雨修缮御座房。

嘉庆十九年（1814）

夏季，觉生寺住持海峰源亮法师在翠微山养病，住宿在西山八大处的三山庵中，他同崇理杲鉴一起，发起倡议重修八处证果寺。经过多年努力，在道光二年（1822）将证果寺修葺一新。

嘉庆二十二年（1817）

得硕亭所著《草珠一串》刻成。该书又名《京都竹枝词》，共108首。其中一首："觉生寺里大钟悬，蛾眼青蚨意爽然。世事看来当尽买，吉祥一卜也须钱。"

道光二年（1822）

八大处证果寺经重修，当时觉生寺住持海峰源亮出力最勤，为"兴法证果寺第一代住持"，并被皇帝任命为主管全国佛教的"僧录司印堂"之职。

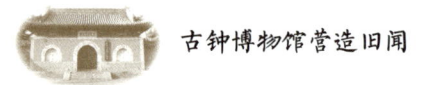 古钟博物馆营造旧闻

道光十年（1830）

二月初一日，觉生寺奉掌仪司来文为觉生寺山门外栅栏六扇，因年深糟朽，被风损伤倒坏东西栅栏，两边虎皮石宇墙坍塌山裂四段，应修理，据此踏看，为祈雨做准备。

道光十二年（1832）

在西山八大处建立崇理杲鉴愿幢，幢身正中刻有"钦命僧录司印堂、觉生寺住持、贤首宗三十二世崇理鉴公和尚愿幢"字样。

五月，觉生寺为该年祈雨安设凉棚。

道光十五年（1835）

八月二十四日，皇上亲诣："觉生寺拈香着交营造司，将应行收什之处赶紧收什妥，毋误。"觉生寺为该年修缮殿座拔草、添安瓦料、抹饰提浆等。

十二月二十八日，觉生寺为该年祈雨修缮东西栅栏。

觉生寺为该寺祈雨设凉棚并大光明殿拜殿等项。

大事记

光绪二十五年（1899）

五月，"上谕：京师雨泽稀少，前经设坛祈祷尚未渥沛甘霖，实深焦盼，允宜再申虔祷，在十月二十三日朕亲诣……觉生寺着派礼亲王世铎"。

光绪二十九年（1903）

四月二十五日，"上谕：京师本年入夏以来，雨泽稀少，现在节届小满，农田待泽孔殷，允宜虔申新祷。朕于本月二十七日亲旨：觉生寺拈香"。

五月初七日，"上谕：前因京师雨泽稀少，朕亲诣觉生寺拈香，派恭亲王溥伟前诣"。又："本月初九日亲旨：觉生寺拈香。"

五月十二日，"上谕：京师雨泽愆期，迭经虔诚祈祷，……朕于十六日亲诣觉生寺拈香"。又："……在觉生寺诵经，均于十六日开坛。"又："觉生寺派醇亲王载沣、贝勒载瀛……"

五月二十九日，"上谕：觉生寺并大高殿拈香，派醇亲王载沣等分诣"。又："闰五月初四亲旨：觉生寺拈香，大高殿着派礼亲王世铎敬谨前往恭代拈香。"

闰五月初九日，"上谕：前因京师雨泽稀少，迭次

亲诣觉生寺"。又："觉生寺着派礼亲王世铎敬谨恭代拈香。"又："……觉生寺即行撤坛，仍异频邀。"

闰五月二十四日，"上谕：前因近畿一带雨泽稀少，迭次虔诚祈祷。虽经屡沛甘霖，尚未一律深透，现在节逾小暑，农田望泽甚殷，允宜再申籲祷。本月廿七日朕亲旨：觉生寺拈香"。

六月初十日，"上谕：前因近畿一带得雨尚未深透，经朕亲旨觉生寺拈香，派醇亲王载沣前诣"。又："觉生寺派贝子衔镇国将军载振敬谨恭代拈香。"

光绪三十三年（1907）

六月初五日，"上谕：京师雨泽稀少，前经设坛祈祷尚未普沛甘霖，朕心弥深焦盼，允宜再申籲祷，本月初八日仍派礼亲王世铎敬谨前往"。又："觉生寺恭亲王溥伟代拈香，改派庄健常川住宿。"

六月十四日，"上谕：前因京师雨泽稀少，朕亲诣觉生寺拈香，迭次派礼亲王世铎等虔诣"。又："觉生寺恭代拈香派贝勒载洵等分诣。"又："天麻本月十七日……觉生寺仍派恭亲王溥伟恭代拈香。"又："同于是日……觉生寺即行撤坛，仍冀频邀。"

民国三年（1914）

六月，觉生寺遭刘德印、周顺等六人冒称官人办案抢劫，后经步军统领衙门京师警察厅侦破，罪犯均被枪毙。觉生寺知客喜乐受该寺住持云升之遣，前往警局认领被盗物品。该年五月二十九日《京话日报》第四版刊载此事件。

民国四年（1915）

十月，觉生寺住持云升在契纸中声称："本寺原有香火洼地四顷八十亩，计地段相连，内有场院土房十二间，并有松柏、榆槐等树。此地坐落在德胜门外，大钟寺地方南至丁姓，北至本寺地坡外沟，东至御路，西至大道。"

民国十年（1921）

据该年二月号《警钟》杂志载：觉生寺庙会期间，"游人纷集，士女如云。少年多驰骋车马以为乐，超尘逐电，劳瘁不辞，一骑之资有贵万金者"。

 古钟博物馆营造旧闻

民国十五年（1926）

据京师警察厅编存文卷记载：大钟寺一尊铜佛被"第十七军一营长赵仲三派兵撤走，并声称移于张少帅家庙内"。后据侦查，"西直门内大后坑地方虽有二座庙，均系破坏不堪，亦无张少帅家庙"。该铜佛为"铜质孔圣人像，高约二尺余，计重二十余斤"。

因驻军不戒于火，将觉生寺东配殿十五间全行焚毁。

民国十六年（1927）

四月，住持普顺因庙务操劳过甚，精神衰弱，故推让体仁接充该寺住持。体仁接师普顺法座，接座后寺内房屋、地亩所收粮食租金均由住持管理，除维持僧众生活及修补庙宇外，其余全部作为本寺小学校之基金。

民国十九年（1930）

六月三十日，觉生寺住持向社会局报呈庙产：中殿宇住房共一百八十九间，田地四顷八十亩整，僧九名，寄居僧道六名，佛像、法物、家具等物均另有详表。

民国二十年（1931）

八月，体仁接住持位，北平市社会局批准登记。寺内经执事僧人八名，寄居僧人六名。本庙土地约三十余亩，附属土地四顷八十亩，寺庙房屋除倾圮者外，一百七十四间，新东群房十五间，共一百八十五间。附属房屋土房十六间，瓦房三间，共十九间。言大钟时，体仁注明该大钟为"前清乾隆年由西直门外万寿寺附近移来为旱年祈雨用"。

十一月，觉生寺与吴敬吉堂互换地三十亩，并议定折价洋四千四百元。又于寺附近置得膏腴良田四十三亩一分六厘，核与换出地数实多置十二亩有余。常年收益较前亦有增益，共计买地部分用去洋二千三百九十五元六角四分，下余洋二千余元，为民国十五年（1926）焚毁东配殿修缮和补足本寺民众小学外债。

十二月，敬吉堂吴钟潭之子道忠，为堪得大钟寺庙西红民地一块为茔地，愿以五十五亩之地赠送该寺，如一时无相当之地，暂以每亩作价八十元，共合洋四千四百元，由寺中自行置新地，以符庙产。此事经同宗宽祥、月潭、本荣、明山、性然及北平佛教会执

 古钟博物馆营造旧闻

行委员会主席台源议决。

民国二十二年（1933）

五月，觉生寺体仁和尚"用换地所得偿还云升和尚圆寂乏治丧款，经吾师普顺和尚借用"。

五月六日，觉生寺住持体仁向社会局呈报该寺与吴敬吉堂互换地亩及修缮配殿各项。

九月十三日，觉生寺住持体仁向北平市社会局报请发给寺庙凭照。后发凭照一张，郊字第一一七号。

民国二十四年（1935）

北平市工务局曾对北平市名胜古迹整理，大钟寺亦在修缮之列。后经北平市公安局调查登记并会同社会局、工务局等视察指导，逐次实施。批准此项工程计划的是时任北平市市长袁良。

四月，修缮之前寺前路为"土路崎岖，行车异常困难"，"后经以上二局修缮，测定路线，平垫齐整"。

民国二十五年（1936）

大钟寺门牌号为"大钟寺十三号"，其左右分别

为：十二号，内住三户，共有人口为十二口；十四号无记载，十五号为五户，共计二十四口。从相关档案的编次来看，为顺序排列，十四号无，在卷首注明"空六号"，此当为其一。

四月十日，北平社会局准予登记并发给觉生寺各项登记表。

民国二十六年（1937）

十月一日，住持体仁外出，大钟寺东跨院所停蒙古阿王夫人灵柩被匪人毁损。从所停灵柩来看，其寺尚有不小规模，地位亦不低。

民国二十七年（1938）

中央农事试验场收用觉生寺耕地二百六十六亩零四厘。原寺附属耕地四百九十二亩一分六厘，仅存二百二十六亩一分二厘。

《北京旅行指南》一书中记载："前二十年，每逢庙会之日，地上铜元可积至数十层，现因民困财竭，钟下铜元可积不多，言时大有今昔之感。"

 古钟博物馆营造旧闻

民国二十九年（1940）

在西山八大处的灵光寺内，开办过佛教讲习所，作为青年僧侣修习佛学经典的场所，主持人是灵光寺住持丛棠。丛棠是民国二十七年（1938）被诸高僧推选为灵光寺住持，当时讲习所有学僧三十余人，大部分来自觉生寺、拈花寺，也有南方佛寺的。当时游历过灵光寺的天润和尚记述说："寺内附设教室，取华严胜进分义也。沙门释子共聚明蓝，黄卷青灯，晨钟暮鼓，令人羡慕不已。"

民国三十年（1941）

二月十三日，华北农事试验场（即前中央农事试验场）又收用觉生寺耕地二十二亩七分一厘七毫。该年觉生寺剩余耕地实存二百零三亩四分零三毫。住持体仁呈报北平特别市社会局。

民国三十六年（1947）

正月初一到十五日，觉生寺依管理对外开放。据《北京寺庙历史资料》记载，北京的庙宇每年都有固定的开庙日期，大钟寺的开庙日期是"正月初一到十五日"。

大事记

1957年

10月20日,北京市人民委员会公布大钟寺为市级重点文物保护单位。

1958年

2月26日,北京市文物工作队到大钟寺调查登记。当时"调查登记表"所记地址:海淀区大钟寺乡大钟寺村。周围环境:西为大钟寺乡人民委员会,附近为耕地。现存状况:建筑物都很完好,藏经楼两边新砌围墙和大钟殿隔断。保管和使用情况:藏经楼以前都由寺庙管理组租给公私合营北京果脯厂使用,藏经楼以后由普陀朝返僧看管。

1963年

5月15日,北京市文物工作队为了对第一批文物保护单位之一大钟寺进行"四有"勘查,由赵迅、王惠如、吴梦麟等同志组成了调查小组,前往大钟寺进行了平面图测绘和现有形制记录,撰写了《大钟寺四有工作报告》。

80年代以前的大钟寺,还经历了被北京市果脯厂、

古钟博物馆营造旧闻

北京第二食品厂使用的时期，为国民经济发展做出了贡献。

1980年

3月11日，经北京市人民政府批准成立大钟寺文物保管所。

10月12日，大钟寺正式对外开放。

1981年

11月8日，《光明日报》发表呼吁抢救大钟寺的文章。

1982年

1月1日，零点举行大钟寺文物保管所成立后的第一次辞旧迎新撞钟活动。

1983年

7月4日，白介夫副市长主持召开研究觉生寺搬迁、保护、修复和收集文物、陈列展览等问题的会议。会议决定了第二食品厂、技校、农机厂迁出大钟寺。

1984年

11月2日,市政府办公厅084号文批准成立大钟寺古钟博物馆。

1985年

10月4日,在大钟寺钟楼前举行大钟寺古钟博物馆建馆典礼和大钟寺修建委员会成立大会。博物馆成立之初,在帐登记文物除永乐大钟外,还有北宋熙宁铜钟、元代铜钟、月坛铜钟、地坛铜钟等32件铜、铁大钟,共计馆藏文物33件套。

同年,大钟寺古钟博物馆被评为"全国先进博物馆单位"。

1986年

3月30日,在大钟寺举行了南门开放仪式大会。大会由北京市副市长、大钟寺古钟博物馆修建委员会主任张健民主持,陈昊苏副市长讲话。在大会上向对大钟寺的搬迁、赞助、修缮工作做出贡献的单位、个人颁发了锦旗、证书和奖状。

5月6日,国务院副总理万里同志来馆视察工作,

古钟博物馆营造旧闻

并对占用单位的搬迁问题做出重要指示。

10月7日,大钟寺在"北京十六景"名胜揭晓大会上以134667张选票名列第11位,当选为"北京十六景"之一。

10月17日,在大钟寺东跨院施工中,挖掘出觉生寺"大清雍正年制"青花瓷碗底残片。

1988年

2月17日,大钟寺恢复传统春节文化庙会活动,历时5天,接待13万观众。

8月30日,举行"大钟寺前期工程竣工暨赠钟仪式",市领导张健民、白介夫等同志及29个单位代表到会,市文物局王金鲁局长主持。

9月28日,大钟寺古钟博物馆第一任馆长涂桂英同志被授予"全国先进工作者"及"全国三八红旗手"称号。

12月1日,提出在"第11届亚运会开幕式"上增设撞钟庆典的建议,亚运会组委会表示同意,并委托北京市文物局、大钟寺古钟博物馆、钟鼓楼文物保管所完成这一任务。

大事记

1990年

3月19日,北京市文物局召开办公会讨论大钟寺东路修缮规划。会议确立了在大钟寺原有格局上修建、复建的决定。

3月,大钟寺古钟博物馆获北京市旅游局授予的"紫金杯"先进单位称号。

8月16日,大钟寺古钟博物馆委托湖北省博物馆仿制的曾侯乙墓编钟及编磬运抵本馆。

9月22日,下午3时58分,大钟寺一级文物嘉靖铜钟在北京工人体育场鸣11响,拉开了第11届亚运会的序幕。

1991年

3月,获得北京市开展的"我爱北京山和水"活动先进单位称号。

3月26日,大钟寺东路修缮工程开始施工。

11月,大钟寺古钟博物馆荣获文化部颁发的"全国文化系统先进集体"称号。

同年,文物藏品由最初的33件套扩展到548件套,其中大部分从北京市工艺品进出口总公司购进。

1992年

3月19日,觉生寺旧存六鏊铜锅在九亭园施工中被发现,经发掘清理作为馆藏重要文物入藏。

5月29日,大钟寺古钟博物馆被指定为"北京市青少年教育基地",并举行揭幕仪式。

8月21日,在人民大会堂召开的"北京旅游世界之最"命名大会上,大钟寺的永乐大钟以"世界上铭文字数第一"而入选。

9月5日,召开专家论证会,讨论"九亭园"及其总体规划方案。单士元、张铸、李准、罗哲文、赵冬日、王世仁等专家及文物局领导孔繁峙出席会议,同意设计方案,并对一些技术问题提出了建议。

1993年

1月,国家文物鉴定委员会专家杜廼松等来大钟寺,对永乐大钟进行了重新鉴定,确认该钟为"国宝级"文物。

5月14日,九亭园工程经有关部门审核批准开工,由崇文区古建公司承包兴建。

9月6日,市委副书记李志坚来我馆召开会议,布置有关拍摄《大钟寺》纪录片事宜。

1994年

4月12日，意大利马丽内利铸钟厂向大钟寺赠送友谊铜钟。

9月27日，九亭钟园工程竣工。

9月29日至10月18日，举办"94中国古钟博览会"。

同年，完成所有一级藏品经过国家文物鉴定委员会专家鉴定的工作。

1995年

3月31日至4月19日，大钟寺古钟博物馆赴上海参加"桃花节"编钟展演活动。

4月23日，举行北京建城3040周年纪念活动，大钟寺嘉靖铜钟在天安门广场上鸣响。

12月18日，大钟寺"古钟学术委员会"成立，聘请中国科学院柯俊院士为名誉主任。

1996年

7月27日，我馆与"欧洲钟铃艺术协会"签订1998

 古钟博物馆营造旧闻

年"中国钟铃艺术展览"赴法国展览意向书。

12月27日,大钟寺古钟博物馆被国务院公布为第四批全国重点文物保护单位。

同年,完成第一次大规模改陈。

1997年

6月27日,在大钟寺古钟博物馆举行香港回归"警世钟"揭幕仪式。

8月4日,北京市市长贾庆林、副市长林文漪等一行8人视察大钟寺博物馆。

9月12日,新西兰惠灵顿市向北京市人民赠送友谊钟仪式举行。

9月23日,大钟寺古钟博物馆与"欧洲钟铃艺术协会"在人民大会堂台湾厅签订"中国钟铃艺术展览"赴法国展览协议草案。

同年,全面彻底清理原有馆藏文物,建立符合国家文物局统一要求和规定的《大钟寺古钟博物馆文物藏品总帐》及《馆藏品分类帐》,彻底改变了过去馆藏文物家底不清、管理不严的状况。

1999年

1月22日,我馆与市台办共同举办的"祖国宝岛台湾"大型图片展开幕。

2月12日,大钟寺古钟博物馆首届学术讨论会隆重召开。

9月,征集新疆维吾尔自治区博物馆古钟一口。

12月28日,由大钟寺古钟博物馆设计,大连大青金属有限公司铸造的"澳门回归纪念钟"制作完成。

2000年

5月,大钟寺古钟博物馆荣获"北京市科普先进单位"称号。

同年10月26日至2001年2月18日,大钟寺古钟博物馆参加的"龙之声——中国钟铃艺术展"在法国巴黎举办。

2001年

2月12日,大钟寺古钟博物馆与海淀区政府共同举办了"大钟寺文化庙会"。

8月24日,举行中法"友谊钟"展览揭幕仪式。

11月19日，国学大师季羡林先生亲临大钟寺古钟博物馆，首次揭示了永乐大钟梵文经咒的宗教含义。

2003年

4月12日，举行挪威王国向中国赠送"中挪友谊钟"赠钟仪式。

2004年

北京市科委专项资金支持自主研发的古钟文化科普展览设施——钟琴车。

2006年

完成第二次大规模改陈。

2007年

4月25日至5月1日，我馆一行6人到韩国进行古钟文化交流。

11月，韩国镇川钟博物馆向大钟寺古钟博物馆赠送铜钟一口。

大事记

2008年

4月,法国伊尔儒丹钟铃博物馆及欧洲钟铃协会主席让·皮埃尔·岗岱向大钟寺古钟博物馆赠送了彩色牛铃。

2009年

中华人民共和国成立60周年之际,我馆成功举办了"国之瑰宝——晋豫鄂三省出土青铜编钟"展览。

2010年

7月,在海淀区文委的支持下,利用馆藏编钟,组织中国科技大学学生编排三幕情景短剧《天地同和》,并在博物馆、国家大剧院、社区义务为观众演出。此剧亮点是打造了志愿者服务于博物馆、服务于观众的品牌。

8月,在上海世博会,大钟寺古钟博物馆获得"联合国二十一世纪中国民族文化保护与传承贡献奖"。

10月,大钟寺古钟博物馆获得"北京市十佳博物馆志愿服务队""北京市优秀志愿者"等称号。

同年完成馆藏文物调查及数据库管理系统建设项目。

同年组织召开文物修复论证会,邀请国博、首博等专家参加论证,制定了宋代仁王院铜钟和清代肇庆铁钟的修复方案,并修复成功。

2011年

收集并复制民国时期古钟拓片88幅,为北京地区古钟的深入研究积累资料。

5月30日,接受山西阳泉捐赠戒烟纪念钟一口。

组织拍摄钟铃文化电视专题片《钟铃解密》,在中央电视台探索与发现频道、中文国际频道多次播出。

利用馆藏编钟资源,开展"编钟响起来——我是小小编钟演奏家"项目,在暑期招收中小学生到本馆编钟展厅学习编钟演奏技巧与中国礼乐文化。该项活动得到市文物局、市科委的支持。

2012年

3月,应荷兰阿姆斯特丹市政府邀请,受市政府与文物局领导委派,本馆业务部主任庚华与首都博物馆馆长郭小凌两人组团,对荷兰进行了为期14天的访问,走访了5座城市、22家博物馆及相关历史遗址。

推出"家庭走进博物馆""小小编钟演奏家""娃娃学铸造""古钟连连看"等系列互动活动和主题参观活动。活动期间共发放套票3000张，接待观众4000余人次。

10月，大钟寺古钟博物馆修缮改陈，闭馆。

11月，大钟寺古钟博物馆参加在台湾省台北市举办的海峡两岸文创展。

2013年

5月，由卢迎红馆长带队的3人代表团赴荷兰、比利时考察。

5月6日，将先前在西土城路发现的一通觉生寺界桩征集回馆。据推断，其应该是觉生寺庙产界桩。此界桩的发现不但丰富了本馆馆藏，并有助于推动深入研究觉生寺早期历史。

12月，对永乐大钟开展的三维数字采集工作（永乐大钟数字化演示）取得阶段性成果。该项工作历时近一年，扫描有效单位面积图像3000余幅，共采集扫描电子数据60G。

2014年

10月16日,大钟寺古钟博物馆修缮改陈后,以崭新的面貌对外开放并举行了"大钟寺古钟博物馆重修开馆"宣传活动。

同时,在展览中推出全国首套从欧洲引进的钟琴对外展出。

2015年

成功举办了馆藏精品古钟拓片艺术展。

举办了"闻钟赏月迎中秋文化"活动,精心奉上了古琴演奏、昆曲、禅茶等文化演出。

8月1日,在中国和尼泊尔建交60周年纪念日之际,举办"庆祝中尼建交60周年暨中尼友谊钟捐赠仪式"活动。

2016年

6月,成功举办"北京古钟拓片艺术展"俄罗斯圣彼得堡巡展。并设计制作青铜友谊钟一口,作为展览合作双方的友谊见证赠送给国立圣彼得堡历史博物馆永久收藏。

后 记

随着《古钟博物馆营造旧闻》这本小册子的出版,我们对觉生寺历史脉络的整理和挖掘也暂告一段落。当然,从文物保护和利用的意义上来说,我们的努力永远在路上。

一年多来,在我馆前辈所查阅资料和研究成果的基础上,在馆领导的强有力的支持下,我们克服了资料匮乏、搜集整理难度大等诸多困难,方能完成此项工作。在此,要特别感谢于弢老师的帮助和支持,同时感谢焦晋林老师和罗飞、浮克清、郭聪等同志的努力工作与辛勤付出。

最后,还要感谢北京燕山出版社的诸位编辑,他们在编辑此书中所表现的职业素质和付出的辛勤劳动令人肃然起敬。

大钟寺古钟博物馆

2018年11月